歴史文化ライブラリー
231

声と顔の中世史

戦さと訴訟の場景より

蔵持重裕

目　次

声・詞の力と民俗

ことばと文書の共生

顔はものをいう

歴史の中の詞——プロローグ

「その時、歴史が動いた」ということばがある。

いわずれと知れた比喩《ひゆ》で、歴史変動のターニングポイントを追究しようというものである。その時とは、治承四年（一一八〇）八月一七日、頼朝《よりとも》家臣が伊豆三島《いずみしま》神社の祭礼に乗じて山木館《やまきやかた》を襲った時か、元徳三年（一三三三）四月二七日、足利高氏《あしかがたかうじ》が丹波《たんば》篠山八幡《ささやまはちまん》で討幕の意志を固めた時か、天正一〇年（一五八二）五月二八日、明智光秀《あけちみつひで》が愛宕《あたご》山西《にし》ノ坊《ぼう》で「時は今……」と詠んだ時か。いずれにしても、「その時……」のことばは、人々の歴史ドラマへの関心・興味をそそる、言い得て妙な表現といえる。

この本は、「その時」「その場」に音声《おんじょう》の詞《ことば》を位置づけようという試みである。つまり、口頭の詞のもつ力が、中世の歴史の場においてどのような役割を果たしたか検証しようとするものである。そして、そこには当然、顔があった。その詞と顔の関わりもその場景を作っていたはずである。

なぜ、そうしたことを取り上げるのか。その背景には二つの問題意識がある。

その一つは、生活史・総合史を意識した歴史資料の扱いに関する問題である。

詞と生活史

歴史では出来事を関連づけて物語らなければならない。そうでなければ歴史は成立しない。なぜなら、歴史は過去のすべての事象を時系列に置き並べることではなく、人々に想い起こされた事象の解釈的意味づけを物語ることだからである。そしてその想起は今の人々の関心によっている。歴史は常に今との関係において解釈されているのである。しかし、こうした意味だけならば歴史小説においても実現できることになるが、歴史学の命はその事象の真実性・アクチュアリティを追究することである。そのため、歴史学は、古文書・古記録はもちろん、考古学の成果による物質資料データをその研究素材に加え、民俗学や人類学の成果に学びつつ、さらには、絵画資料や図像学を活用しつつある。歴史学は文献史学で事足りることはないのである。しかし、それでも、「その時」を限定するには文献によるところが大であり、それは避けられないことである。こうして、古文書や記録、つまり、文字史料が幅をきかす。しかし、文字は社会のごく一部の人の記録であり、一部の情報でしかないのである。

そうした史料の偏在の中で、本書は音声である口頭の詞をできるだけ掘り起こそうと思う。なぜなら、過去の人々の生活を想起しようとした場合、生活史はすべてを含む総合史とならざるを得ないからであり、当然、人々の会話も対象となるからである。

歴史学的にはもう少し別の背景がある。かつて歴史学は、社会は社会の下部構造である経済、生産関係や生産力によって成り立ち、規定されているという社会観をもっていた。そして、時間が進むにつれ生産力は大きくなり発展し、社会は進歩すると信じられていたのである。しかし、経済の発展＝進歩とは必ずしも考えられなくなり、何を社会の基底にするかは相対化されたのである。また、人の認識も、単なる外部世界の反映ではなく、言語のように、共同の主観によって成り立つのだとすれば、人間行動の理解に経済関係にのみ特別な位置を与える必要は失われたといってよい。したがって、事象のどの切り口から入っても歴史社会を観察することができると考えられる。その点からも資料的に欠落しがちな口頭の詞に注目するのは意味があると考えるのである。

4 詞と情報史

もう一つは、情報史を意識した口頭の詞の機能・力への注目である。

私たちの日々の意思疎通は詞の会話によるものがほとんどである。家庭においても、職場・学校においても、友人間においてもそうである。そして、かなりの部分がそれでまかなえている。コンピューター、そして古くは電信・電話を初めとする電気的な情報伝達手段の開発が、それぞれ新たな情報伝達の局面を展開させていても、これは生活実感として変わっていない。

ドラマのようにそれぞれ時代の歴史像をイメージしてみると、社会に力点をおくにしても、人物に力点をおくにしても、「その時」の場面は口頭の詞の連続と横溢《おういつ》であったはずである。英雄にしろ、庶民にしろ、日々、口頭詞での演説があり、会話があったはずである。詞で合意を得、時には笑い、時には泣き叫んだのである。まさに「歴詞」であった。

つまり、歴史のシーンは詞が歴史の演じ手のシテであり、史＝文字＝文書はワキであった、とも考えられる。その意味で生活史の中の情報は話し詞を抜きには語れないのである。

詞・声を発することは、脳からの指令によって、声帯を振動させ、応じて舌を伸縮させ、口を開閉し、空気を振動させ、自己と他者の鼓膜《こまく》に伝導し、脳に伝わり、その意を解するという生物学的・生理学的・物理学的現象である。しかし、詞・声そのものは知覚でのみ存在し、ただちに消えるものである。その存在は音響であり、文字のように確かな分節化はされていない。

また、詞・声を発する口は「顔」にある。口を動かせば顔には表情が出る。音響の情動性と相俟《あいま》って、詞と顔が一つとなって人の間に生きた詞が行き交う。それが普通である。詞・声はその状況の時空の中でのみ知覚として存在する。それゆえ、この状況は場景として捉えねばならないことになる。

それでいて、知覚としてのみ存在する詞・声は、具体的に身体器官を使う行為から発して、身体的に自己触発をし、生理の奥深い層にまで働きかける。そして、身体を中心とする場において拡散性と自己回帰性をもち、人に働きかけ、人の行動を通じて具体的物理的な力をもつ。詞には力があり、「その時」歴史を動かすものになると思うし、思いたいのである。

本書はこうした中世の詞をめぐる場景を再現・確認しながら、詞・音声の機能と力を明らかにしていこうとする試みである。詞の世界を明らかにし解析することこそ、人々の生活史と人々の関係史（合意と争い）の鍵を握ると思う。

しかし、前近代の歴史、特に古代・中世となると、ことは決定的な矛盾に満ちたものとなる。詞と音声を記録し伝える手段を持たなかったからである。したがって、どうしても書かれた文字から非文字の詞世界をかいま見るという、迂遠《うえん》でねじれた手法を採らざるを得ない。この点、あくまでも書かれた話し詞・音声であるという制約を免れないことは承知していただかなければならない。

もう一つお断りしておかなければならないのは、その素材となる文字史料に中世の相論《そうろん》関係のものが多いことである。これは、残存資料はどうしても相論関係が多いという事情によるからであるが、積極的な理由もある。中世の紛争解決の基本は自力救済《じりききゅうさい》にあることはすでに知られているところである。自力救済はしばしば神裁《しんさい》も含め暴力的になりがちであるが、仲人《ちゅうにん》などの調停によって平和的に処理されることも少なくない。自力があるならば、他力《たりき》による解決もある。何らかの公権力による裁判はこれであろう。仲裁もこれに含めてよい。こうした紛争の経過・解決において詞での交渉・相論がある。如上《じょじょう》のように、文字記録から非文字の詞の場面を探らなければならないとなれば、文字記録の豊富な相論関係に素材を求めざるを得ないのである。

こうした中世の口頭詞、音声の研究は蓄積がある。佐藤進一氏の『古文書学入門』（法政大学出版局　一九七一年）中の諸指摘を除けば、本格的な研究の先鞭《せんべん》を付けたのは笠松宏至氏である（『日本中世法史論』東京大学出版会　一九七九年）。

先行研究より学ぶ

その後、系統的に着実に研究をすすめたのは西岡芳文氏で、「情報伝達の方法」（『今日の古文書学』三巻　雄山閣　二〇〇三年）で一連の研究をまとめている。ここでは詳しく触れないが、口頭言語も含め情報伝達として位置づけ、体系的に提示している。そして、「文書は口頭と結びついて存在するのが支配的」と、文書との関連を示している。氏の研究は情報史として網羅的で総合性があり、示唆されること大である。先駆性とも合わせ、酒井紀美氏の具体的な事例から個々のテーマを掘り起こす着眼の妙は光彩を放っている。氏の『中世のうわさ』（吉川弘文館　一九九七年）をあげておきたい。具体事例の場面場面の面白さ、人文的センスの良さが示されている。

歴史学の中で「詞戦《たたか》い」を見事に掘り起こしたのは藤木久志氏であった。氏は戦国時代は詞戦いに禁止令が出るなど、詞戦いが戦場の表舞台からきえる転機であると指摘しているが、本来は社会慣行として永く根付いていたものと想定している（『戦国の作法』平凡

社選書　一九八七年）。私もかつて在地社会の紛争解決における古老《ころう》の役割にふれ、公権力への訴《そ》（文字）なく、古老の取りなし（非文書）で解決される文字の世界以外の紛争解決の部分を想定したが（拙著『日本中世村落社会史の研究』校倉書房　一九九六年）、ここまでの視野はなく、氏の指摘が私のこうした問題への関心を高めてくれた。

その他にも網野善彦氏、千々和到氏、荒井孝重氏、また文学関係など学ぶべき研究は多いが、当面の関心からすると、その一つの到達点は瀬田勝哉氏の「神判と検断」（『日本の社会史』五巻　岩波書店　一九八七年）にあると思う。ここでは裁判という場面から詞と文書の関係と口頭の詞の役割・機能の関連を体系化し、叙述に成功している。

しかし、これらの重要な先行研究がありながらも、「詞と顔との関係」に触れたものはない。これらの成果に学びながらも、あえて本書を上梓するのもそうした研究上の空白があるからにほかならない。重複を畏《おそ》れず興にしたがって詞の機能と役割、その中での顔の位置が顕《あらわ》れる各場景を取り上げていきたい。

訴の場景

古代の訴

中世の訴《そ》を述べるに先立って古代についてごく簡単に触れておきたい。

訴訟制度

古代律令制社会にも訴訟制度は存在し、『令義解《りょうのぎげ》』訴訟条から大意を示すと次のようになる。

官人が訴訟をする場合、原告（訴人）は被告人（論人）の属する本司《ほんじ》に訴える。官人でない百姓が原告として訴える場合は、まず被告人の本属《ほんぞく》を経て訴えることになっている。本属とは、京都では京職《きょうしき》であり、京外では郡司《ぐんじ》を指す。その裁決が出た後、原告が不服の時は上訴できる。その場合、判文と裁許を下した官司より「不理状」を発給され、これを以って上陳《じょうちん》するのである。すなわち国司《こくし》の裁断を得るのである。なお、国司裁断が不服であれば、さらに不理状を得て刑部省《ぎょうぶしょう》に訴えるのである。これも不服であれば、不理状を得て、太政官《だいじょうかん》の弁官《べんかん》に訴える、という展開になる。

このルールに従わない訴はすべて越訴《おつそ》で、訴人も被告人も罪があるとされる。しかし、被告人が対問時に出廷しない時は、上訴はゆるされる。

また、財物《ざいもつ》・良賤《りょうせん》・譜代《ふだい》等の争い、すなわち、中世でいうところの所務《しょむ》・雑務沙汰《ざつむさた》にあたる相論《そうろん》は、一〇月一日より三月三〇日までの間にのみ審理することになっていた。

この律令制の訴の制度において注目しておきたいのは、徹底した官司による中央集権、文書主義的な上訴体系である。行政を整えようとした律令国家の建前がよく現れている。しかし、同時に八・九世紀の社会においてこれは機能したのだろうかとの疑念をもっている。なぜなら、文字の普及、リテラシーの問題があるからである。もちろん、官人はその訓練を受けていた。したがって、これはごく一部の、むしろ官人社会内部の訴といってもいい。官人・郡司らが百姓等の訴を聞いて訴状に仕立て上げることにはなっていたが、そこでは民・百姓らの十分なる嘆き、愁い怒りを表現できたかどうか。はなはだ疑問である。

そこで気になるのは律令以前の訴はどのようなあり方をしていたかということである。

律令以前の訴の方法

律令制より以前にも訴のシステムは一応あったとされる。『日本書紀』大化元年八月条によると、孝徳天皇元年（六四五）に鐘《かね》・匭《はこ》を朝廷に置き、訴える人が、伴造《とものみやつこ》・尊長《そんちょう》（所属する集団の長）を通じて、牒《ちょう》（この場合訴状と思われる）に記し、記名して匭に投じて訴え、収表人《しゅうひょうにん》は毎朝これを取り出して、天皇に上奏する。天皇は群卿《ぐんきょう》に示した後に裁断する、という訴のシステムを作った、とある。律令の編纂は七世紀後半からとされているので、これはそれ以前の新政に際しての政策とみられる。そして、この訴を所司が懈怠《けたい》をし、あるいは阿党《あとう》して（被告人に与《くみ》して）訴を正当に取り扱わない時、また、天皇がかたくなに諫言《かんげん》を拒んだ場合は、訴人はその鐘を突いた、という。

同二年、国家のため専心する者にかぎり、諫疏《かんそ》（諫言の上書）に題名（記名）をしないで匭に訴状を投ずることができる、とした。

古代史の中では、これは訴訟制度ではなく大化改新時の政策とみているようであるが、仮に中国の制のまねによる撫民《ぶみん》策だとしても意味のあることである。実際の紛争の解決は伴造・尊長の下で処理されていたであろうし、こうした訴の導入は改新政府の民心掌握の施策であっても、鐘と匭を置いたというところがおもしろい。匭は、訴人の訴を受けた郡司・尊長等が訴状をまとめて入れたもので、その意味では訴の文書主義のはしりであろう。まだ整ってはいない官僚システムの下から上へという手続きは当然ながら省かれている。

さらに注目されることは天皇への諫言が容れられない時の規定があることである。これは律令にはない。律令では天皇を処罰、とまではいわなくても、何らかの制裁を加えるような規定はない。これを単なる民心へのポーズだとみてもおもしろい。

その規定・措置とは、訴状を官司（収表人）が正当に扱わない、また天皇が諫言を受け入れない場合、訴人は鐘を打ち鳴らした、という。これは審理の催促でもあろうが、訴人の鬱憂《うつゆう》を晴らす行為でもある。しかし、鐘を打つ行為はそれにとどまらない広がりを持つように思う。

翌年には、この匭に訴状を入れる規定は改定されている。すなわち、国家のために専心する者は、名を記さずに投函できるという。したがって、先のあり方は「署名」を記して投函する決まりであったことになるが、「署名」によって投函が事実上規制されたり、拒否されたりすることが頻発したのではないか。あるいは、対立する勢力への讒訴《ざんそ》が抑えられたのか。いずれにしても訴の公平性が十分に機能せず、この改定になったのであろう。

しかし、鐘の件は触れていないからこれはそのまま残されたと思われる。

文書主義とは、背景に為政者《いせいしゃ》、国家による紛争裁決の独占という思想がある。一種の秘密主義でもある。関係者以外には関わらせない、ということである。この表現がすこし大げさであれば、第三者排除主義といってもいいし、行政内部主義・非公開性といってもよい。

鐘を打つ

それに対して、鐘を打つ行為は、そうではない。それは為政者に対する訴を、その行政ルートから脱し、「公衆・社会」へ訴える構図を持つのである。鐘がどこにどのように置かれ、どの程度これを打つ者に自由であったか、という疑問・問題があり、そしてそれらは不明ではあるが、そうであっても訴の位相が変わることは間違いない。鐘の音の訴える対象は天皇やその官僚であるが、それだけでなく、宮処《みやこ》の人々全体にわたる可能性を持つ。鐘が鳴ることによって、意を得たりと小躍りして喜ぶ者、不安に感ずる者、地団駄《じだんだ》を踏んで悔しがる者がいるかもしれない。また、関係者以外にとっては内容がわからず、ただ鐘の音だけが響く、内容不明な音声《おんじょう》が響く。鐘の存在と意味を承知している者にとって、この内容の不明さが不安感を刺激し、人々に不穏な空気を伝える。

あるいは、この音（声）は神仏にも届くという言い方をしてもよいかもしれない。いや、それが本筋かもしれない。だとしたら、為政者はこの鐘の音を身を振るわせて聞いたかもしれない。この音が神仏に届いたらどのような反応があろうか。罰が下るであろうか。不安は恐怖に変わったかもしれない。何か、底知れぬ恐ろしさを持つ、訴を容れられなかった敗者の叫びである。

また、そうした「効果」があるからこそ、訴人（この場合は敗者）は鐘を打つことに期待をもち、そして鬱憤・憂鬱が晴れたのかもしれない。為政者がみずからすすんでこの鐘を設置したのは、この敗者の気持ちを晴らすことにあったのだ。このように、訴は匭と鐘との二段仕立てになっていた。

この訴の二段階、①匭への訴、②容れられなければ鐘を打つ、というところに創り上げつつある律令制のとまどいを感じさせる。それは換言すれば文字と音声の葛藤《かっとう》でもある。本来の伝統的社会の訴の本源・古態が何かを垣間《かいま》見せているように思える。

一方で、これは官への直截な訴、詞《ことば》での訴・交渉を周到に回避した策であることも間違いない。存在したであろう、古い社会から連綿と続いた訴、紛争の処理を、何とか改編しようとする官僚・国家の策である。あるいは地域共同体内部での説得と納得の範囲を超えてしまった社会、ハイパー共同体＝国家の権勢誇示の産物かもしれない。いずれにしてもこの訴の古態（音声）は先に見たように律令体制では建前としては否定、黙殺されたのであった。

ところが、この律令国家によって消し去られたはずの「鐘の音の訴」の系譜は装いを変えて復活することになる。

口頭による訴

称徳《しょうとく》天皇の天平神護二年（七六六）、すでに律令制の国家となっているわけであるが、吉備真備《きびのまきび》の奏《そう》によって、二柱を中壬生門《なかみぶもん》（美福門《びふくもん》）の西に立てて、官司に抑屈された者、百姓の冤枉《えんおう》（無実）ある者は柱の下で訴え申したてられるようにし、同時に弾正台《だんじょうだい》がその訴状を受理したという（『続日本紀』二七　称徳）。

この制度では、先に見た上司を経て訴をすすめるというルートでは満たされない訴人の越訴の制度が整えられたのである。かつて違犯とされた越訴が認められたのである。訴訟機能の現実化といったところであろうが、やはり訴の受理が簡素化され、広げられているということはあっても、行政の訴の独占の姿勢は変わらない。しかし注目すべき点がある。越訴する人の「申し訴え」が先にあって（これは『続日本紀』の文章の記述上の問題だけではなく、重点の置き方の問題であると判断する）、「並」びに訴状、という対比表現から、「申し訴え」の方が口頭の訴を意味していることは間違いない。

口頭であるならば、百姓・非官人らであっても窮状を表現することが可能であったろうし、鬱屈《うつくつ》が音声の激しさとして迫力をもつことも容易に推測される。もっとも、直木孝次郎氏によれば中壬生門とは壬生門の内側の朝集殿院《ちょうしゅうでんいん》の南門であり、ここでの訴の対象者は門内に入れる官人であるとされている（直木孝次郎「平城宮諸門の一考察」『日本書紀研究』一五冊　塙書房）。しかし、一方でこの訴を一般の人々をも含むという考えもあるようで、その場合は中壬生門は壬生門をさすと理解されている（『続日本紀』補注　岩波書店）。官人のみか、一般の人々も含むか、はもちろん重大な問題であるが、どちらであってもこの訴の意義は重要である。すなわち、音による訴が否定されてから（律令制の成立）数十年、今度は鐘の音ではなく口頭の訴が認められたのである。

壬生門は大内裏《だいだいり》の外部、朱雀門《すざくもん》より東側にあった。壬生門を入ると左右には兵部省《ひょうぶしょう》・式部省《しきぶしょう》がある。弾正台がどこに置かれたかはわからないが、中壬生門（直木説では朝集殿南門）の西に二本の柱は立てられたのである。なお、考古学の成果では壬生門から入った内側に杭《くい》・竿《さお》・柱穴《はしらあな》等が確認されているという。

その壬生門付近での大音声をあげての訴、そして、宮内にあったであろう弾正台に行き、訴状を提出する。これはパフォーマンスでなくて何であろうか。庶民の住まう町ではない

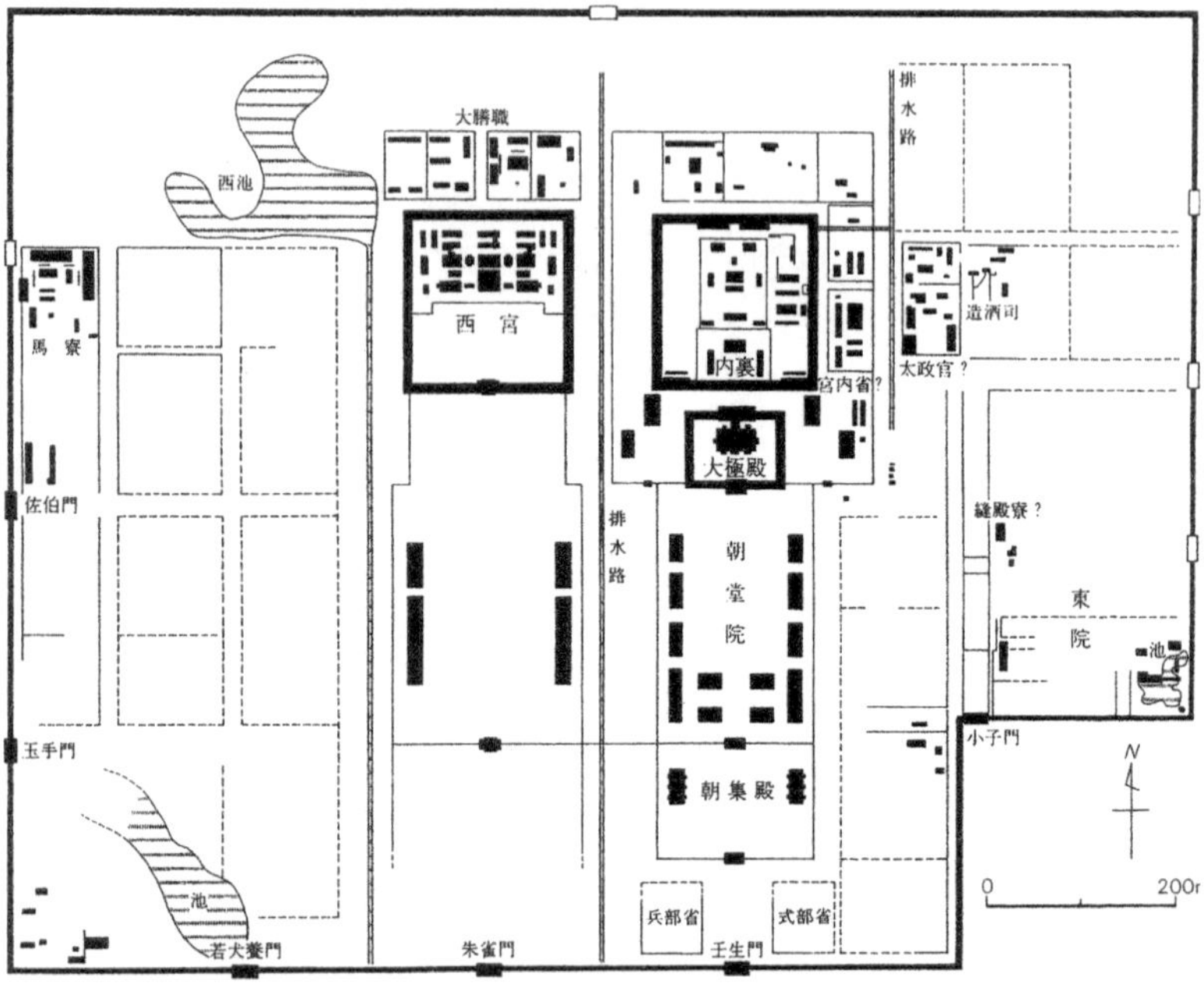
大膳職
西池
西宮
内裏
宮内省？
太政官？
造酒司
排水路
馬寮
大極殿
佐伯門
朝堂院
縫殿寮？
東院
池
玉手門
小子門
朝集殿
池
兵部省
式部省
若犬養門
朱雀門
壬生門
N
0
200r

図１　平城宮遺構配置図

としても、ただちに人々の噂《うわさ》となり口の端《は》にのぼるのは必定であろう。門は出入り口であり、通過点のように思えるが、一つのランドマークである。ここでの（付近）訴えはたちまち人々に知れ渡る。飛躍を承知の上であえてイメージを膨らませれば、芥川龍之介《あくたがわりゅうのすけ》の『藪《やぶ》の中』、映画では黒澤明《くろさわあきら》の「羅生門《らしょうもん》」におけるように、門は出会いの場であった。同じく『杜子春《とししゅん》』が佇《たたず》むのも門であった。門は通過するだけでなく人が佇む場でもあった。

ランドマークとしてあるならば門だけでも十分なように思うが、柱を立てたという。規模や形状はわからないが、柱はいうまでもなく地に埋め、天に向かう。人の背丈よりも高くまっすぐに立つ。それは、本来、隔絶され、対比・対立している天・地を通い合わせるものである。神の依《よ》り代《しろ》としてしばしば利用され、イメージされるのもこの機能からである。とすれば、まず柱の下で「訴え申す」のは天に訴人の意を通じさせるということであろう。それ自体がパフォーマンスであるが、これがあれば、弾正台はその文字化した訴状を拒否はできまい。官僚の不正があった時、受け入れられなかった時に鐘を打つという形とは逆である。しかし、これは一方で、官僚国家が、社会に通奏する音声の訴を取り入れ、この有効性を生かしていることなのだ。ただし、これも実は、官は音声部分を訴の手続き化に利用し、最終審理は訴状によるという形を徹底した策でもある。越訴としての音声は拒否されているのである。口頭訴の取り込みである。しかし、それでも音から声に変えたことは、訴の「庶民化」、具象化で、民の意識には強い印象として残りうる。したがって、音声の訴が抹殺されず、社会に永く生き続けることになったことは間違いないのではないか。

この制は、下級官人の出自で、唐《とう》帰りの学者でもあり、幾度かの政争で地方に左遷《させん》されるなど辛酸《しんさん》をなめた吉備真備の発案である。そして、その時期は天宝宝字八年（七六四）に恵美押勝《えみのおしかつ》を失脚させた二年後である。善政とも政治力への自信とも受け取れるが、都の世評を味方につける策でもあろう。古来からの社会に通奏する音声での訴のあり方をアレンジして復活させた、訴の訴状化策ではなかろうかと思う。

音声の訴は神仏へも通じるのではないかと述べた。壬生門で大音声をあげて神仏へ訴えればなおさらである。以下では音声の訴の神との関わり・交《こう》感《かん》という役割をみておこう。

神との契約

継体《けいたい》天皇の施政時、常陸《ひたち》国玉造《たまつくり》郡に箭括《やはず》の氏の麻多智《またち》という人物がいた。麻多智は郡より西の谷の葦原《あしはら》を切り開いて、新に田を造った。この時、夜刀《やと》（谷）の神（蛇体）が相群れて、至る所来て、妨害して、耕作させなかった。そこで麻多智は大いに怒って、甲鎧《かぶとよろい》を着け、自身仗《つえ》をとり、神を打殺し追い払った。ついに、山口に至って、標《しる》しの仗を堺の堀に置いて、夜刀の神に告げた。「ここより上は神の地と為すことをゆるす。これより下は人の田となすべし。今より後、我は神の祝《はふり》となって、永久に敬い祭りましょう。冀《ねが》わくは、祟りや恨みをいだかないでほしい」といって、社を設けて初めて祭りをおこなった。（略）

その後、孝徳天皇の代に、壬生連麿《みぶのむらじまろ》が、谷を占めて、池の堤を築いた。その時にも夜刀の神は池の辺の椎株《しいのき》に昇り、集まってきた。そこで、麿は、声を挙げて大声で叫んだ。「この池を修めるのは、民を活かすことにある。何の神が天皇のおこなう開発を妨げるか」といって、皆に命じ「目に見る物、魚虫の類は、憚《はばか》り懼《おそれ》ることなく、打殺せ」といった。そうすると、神である蛇は逃げ隠れてしまった。（略）

（『常陸国風土記』）

継体天皇の時代、六世紀前半ということになる。記事は古老の伝承である。それは文字社会以前において、また庶民世界における情報の伝達継承の原形であった。

矢筈氏の麻多智が、葦原を切り開き谷を開発するが、谷戸（夜刀）の神が妨害した。略記すると次のような展開になる。麻多智が怒り戦う↓山口に標《しる》しを立てる↓告げて曰う↓

境界の設定・神を祭る。
次に、孝徳《こうとく》天皇の時、七世紀中ごろ。壬生連麿がその谷に池の堤を築く↓神が椎の木に集まる↓時間がたってもずっとそこにいて去らない↓麿が声を挙げて「民を活かすため天皇に従え」とおたけぶ↓神を打ち殺すと宣言↓神去る。

まず、第一に、この記載で注目したいのは、矢筈麻多智が神と約束＝契約をしたことである。そして、それを訴として、口頭で述べていることである。契約と考えるのは、開発を認めるならば永久に神を祭るという反対給付があるからである。「口約束」で双方了解し、契約が成り立ったのである。神が文書を書くわけもないから「口約束」は当たり前としてはならないであろう。そんなことをいうならば、神を相手に開発をめぐる争いをすること自体が奇妙である。そうではない。当時、契約として、訴え（上位者への申し入れ）は、口頭のことばで「告げて云う」ことが有効と認識されていた、と解すべきであろう。そして、それはおそらく、神との交渉だけではなく、人と人との間でもまずこの関係に基づいていたのであろう。

神への言挙げ

第二に、神への述べ方である。壬生連麿の方は、どちらかというと一方的な宣言である。天皇の威光を盾に、民を活かす名目で、殺害を脅しにして命じているのである。これは契約ではない。では、麻多智との発言の違いはあるか。麻多智は妨害に怒って「告げて云う」のに対して、壬生連麿は具体的妨害があるわけではないのに「声を挙げて大言《たけ》びらく」という大音声での宣言であった。この違いは何であろうか。麻多智は妨害に対し、実際に実力で戦い相手に損害を与えている。双方、暴力で応じて、一段落したということか。それが「告げて云う」という「穏やかな」行為となったのかもしれない。壬生連麿は、民に戦いを命じたが、戦いはしなかった。戦う前の戦闘開始の宣言であった。結果、その大音声は効果を見せて、神は立ち去った。天皇の力の誇示という意はあるが、大音声が戦いと同じく力そのものだったのである。

大音声の場

奈良時代から弘仁年間（八一〇～八二四）の説話を収める、平安初期成立の仏教説話から話を紹介しよう。雄略《ゆうりやく》天皇、五世紀前半の天皇の代の話である。

小子部《ちいさこべの》栖軽《すがる》は天皇からの命を受けて、雷《いかずち》を天から呼び寄せようとする。展開を略記すると、彼は、赤い印の蘰《かずら》・幡桙《はたほこ》をもって→衢《ちまた》＝道の分かれるところに行って→「叫《さけ》び請《う》けて曰《いわ》く」→雷に天皇がお呼びと馬を走らせながら言う→帰り道に雷落ちる→雷を輿《こし》に入れて天皇に奉る（『日本霊異記《にほんりょういき》』巻上第一）。

この話でも神への命令は「叫び請けて曰く」であるから大音声の声であろう。天皇の命は、そして神への命は大音声で叫ぶのである。これは先の『常陸国風土記』の壬生連麿と同じである。しかし、要件は大声だけではない。小子部栖軽は天皇から命を受けて、その場では雷に呼びかけることはしなかった。わざわざ「諸越の衢」に馬で駆け、雷を叫び呼んだ。やはりこのことにも注目しておかなければならない。衢は辻である、道の分かれるところであるが、交通の要としてしばしば市が立つ場でもある。そこで雷を呼んだ。市は虹がかかるところに立つともいわれ、天と地の交流点でもあったのだ。小子部栖軽はそれを心得ていて、雷に声が通じるところとして辻＝衢を選んだのであろう。先に、矢筈麻多智・壬生連麿は谷において神に告白・叫びという声をかけた。谷も地形におけるひとつの極地で、境である。その先は空、天である。谷の神が蛇の形をしていたとしても、神の居所＝天に通じる極点であった。したがって、神への問いかけ、訴は大音声とともに場を選ぶ必要があったのである。

我々は現在、神仏にお祈りする時、手を合わせ、目をつむり、心の中で祈りごとをする。静寂の中での祈りがふさわしいように思っている。しかし、古代ではそうではなかったのではないか。大音声で高声に訴えてこそ神に意が通じると考えたのではないか。祈りごとを心で念ずる祈念の作法は、あるいは文字を黙読する習慣の後ではないか。

先に雷を捕えた話を紹介したが、天皇の命《めい》は動物の鷺《さぎ》をも捕えたという話がある。

人ならぬものへの命

物語は、昔からの朝敵を列挙し、その初めは神武《じんむ》天皇の代の紀州名草《なぐさ》郡の高雄《たかお》村の蜘蛛《くも》である。そして、その時は官軍が発向《はっこう》して、宣旨《せんじ》を読みかけて、これをついに殺したという。昔は宣旨を読めば、枯れた草木も花を咲かせた、と宣旨（天皇の命）の偉大さを述べる。そして、延喜《えんぎ》の帝《みかど》（醍醐《だいご》天皇）が神泉苑《しんせんえん》に行幸し、池にいた鷺を捕えようとした時、命じられた六位の者が鷺に歩み寄ると、鷺が飛び立とうとしたので、「宣旨ぞ」と云うと地に付して飛び立たなかった。天皇はこれを神妙として、五位の位をさずけたという（『平家物語』巻五「朝敵揃」「鷺沙汰」）。これは天皇の命がいかに威力のあったものかを示した逸話であるが、口頭音声での命であることを注目しておきたい。ここでは大音声かどうかは触れていないが、庭で一定の距離のあるところでの出来事であるから、小さな声ではなかったはずであると思われる。また、口頭の命を宣旨といっていることにも注目しておきたい。

神・龍王への命

龍王に訴える文覚《もんがく》の例を挙げる。治承三年（一一七九）三月であるから、もう時代は中世であるが、高雄神護寺《たかおじんごじ》の修造をめざした文覚はあるとき、後白河院の御所に参り、勧進帳《かんじんちょう》を読み、奉加《ほうが》を促したが聞き入れられず乱暴に及ぶことがあった。そのため捕えられ、いったんは解放されたが、なお都での放言《ほうげん》がとがめられ、結局、伊豆《いず》に流されることになった。

その船中でのことである。遠江《とおとうみ》の天龍灘《てんりゅうなだ》で大風大波に合い、船がまさに転覆せんとしたとき、高いびきで寝ていた文覚は、船の舳《へさき》に立って、大音声をあげて「龍王やある、龍王やある」と呼びかけ、「大願《だいがん》おこしたる聖《ひじり》の乗りたる船を転覆させるのは、天の責めを被《こうむ》ろうとする龍神どもかな」と申した。そのため波風は止み、無事伊豆に着いた。ここでも「大音声の訴え」が龍神に通じたのである。文覚が叫ぶ以前に水主《かこ》・梶取《かんどり》どもも観音の名号《みょうごう》を唱え、十念に及んだが効果がなかった（『平家物語』巻五「文覚流されの事」）。物語は、修行を積んだ文覚だからこそ成しえた業《わざ》としていることになるが、それを前提としても、大音声の意味はやはり捨てがたい。そもそも大音声を挙げて人ならぬものに訴えかけるという仕業そのものが普通の人にできることではない。小子部栖軽の場合は、背景に天皇の命があった。その威光を示す話であった。この場合も文覚という僧の偉大さを示すコンテクストの中で取り上げられた話であるが、大音声で訴えるという迫力を持つ個人の力は、その心根・精神より出ずるものとして偉大なのであろう。

また、訴の場も舳先《へさき》で、船の中の極所であったことも無視できないであろう。いずれにしても神への訴えは静かに心に念ずるというものではなく、「大音声」であることに注目しておきたい。

神から人へ

これまでの話は、人が神へ訴をし、契約であれ命であれ、人がおこなうものであった。人から神へという方向であった。この逆、神から人へはどうであろうか。

里の人々より毎年生贄《いけにえ》をとる神（猿）を、東の方より来た犬飼が、生贄に定められた娘に化けて懲《こ》らしめる話である。神前に据えられた長櫃《ながびつ》を大猿が開けたとたん、中に潜んでいた犬飼は犬らに大猿と居並ぶ猿を襲わせて、大猿を刀で殺そうとする。窮地に立った猿は犬飼に許しを請うが、それは犬飼に直接語るのではない。一人の宮司に神託して詫《わ》びを請《こ》う。他の宮司らも赦《ゆる》しを請うが、犬飼はなおも殺そうとすると、神託を請けた宮司は二度と生贄をとることをしないと誓言を立てたので、やっと逃がしてやる、というものである。物語は、その犬飼と生贄になる予定であった美しい娘とが結婚して家は栄え、国も平和になるというハッピーエンドでおわる（『今昔物語《こんじゃくものがたり》』二六巻　第七「美作国神《みさかのくにのかみ》、依猟師謀《はかり》止生贄語」）。

ここで注目すべきは、『常陸国風土記』とは違って実際に戦いとなり、神が詫びを入れるという展開である。そしてその際、犬飼が神に刀をあてつつ、脅しを言うのに対し、「神（猿）は顔を赤くして、目をしばたたきて、歯をむき出し、涙を垂らし、手を摺《こす》る」しぐさをするが、猿であるからか、自ら語ることはしない。あくまで宮司に神託するのである。面と向かってはいるが、話すことはない。考えてみれば、風土記の神も、霊異記の雷も話すことはなかった。音声を人間にもたらすことはなかった。これは、直接には、神が動物など、人なるものとは異形《いぎょう》であることからくるものでもあろうが、神―人の直接の会話は成り立たないことを意味していよう。異次元間の関係なのである。あくまで人間の形をした宮司に語らせている。これは宮司というものの役割を明示していよう。そして、最終的に犬飼が神を赦すのは、神が誓言を立てたゆえである。神が人に誓言を立てるとは倒錯《とうさく》した話であるが、「誓言」は文字ではない。文字とは記されていない。「詞」であろうが、立てるとは、一定のイニシエーション（通過儀礼）のもとに「詞」で語ったものであろう。神も詞に従ったのである。

ここまでくれば、神の上位、人の下位というような関係では済まぬ、詞そのものの聖性を認めねばならないであろう。語らぬ神と人との第三者が「宮司の詞」であり、仲介者の役割を果たすということであろうか。『平家物語』巻一に、「天にはくちなし、人を以って言わせよ」という表現がある。神から人へのベクトルは、必ず人を仲立ちとしておこなわれる。いや、音声の詞を仲立ちとしておこなわれるというべきか。神職という特殊技能者が定まっている場合は、神職がその役割であろうが、私は、かつてその役割を一般的には古老が果たしていたと考えた（拙著『日本中世村落社会史の研究』校倉書房　一九九六年）。

言霊の力

『今昔物語』二六巻の第八「飛騨《ひだ》国猿神、止生贄語」は、話のストーリーとしては似たようなものだが、神が神ではなかったという、内容が若干異なる物語である。この場合は、生贄の娘の身代わりをするのではなく、旅の僧が村人の身代わりとして、ある村娘と結婚させられ、村で養われ、神である大猿に生贄として供えられる、という展開である。神前に供えられ、あわや食せられる時、僧は隠し持った刀で、大猿を「人質」に取り、葛《かずら》で縛《しば》り上げる。猿は手を摺り謝るが、僧は赦さず、里に連れ帰る。猿をいたぶって、猿が神でないことを里人の前で徹底して暴《あば》く。僧は眼を怒らして、猿を射殺そうとするが、結局、杖うちにして逃し、社を里人に焼かせた。里人はこの僧を神のように思い、後に里の長者になったという。単なる獣である猿は一切語らず、叫びはあげたが、手を摺るのみであった。僧は猿を神とする里人の愚かさを指摘し、悟《さと》らせたのであった。

この僧が里長になったことは、一種の人間賛歌であり、個人の能力・個性を発揮し、その功によって出世するという、因習打破の話としておもしろい。新しい村の創成の話としても興味深い。里人の愚かさを指摘した僧が里人の信頼を得てのちに里長になったのである。ここでの里長になにも国家的な官職を考える必要はない。「大領《だいりょう》」の家でもない者、よそ者が里長になったことになるが、個人の能力・功績、勇気と知恵がもたらした結果として中世の人間論の一端を示す。

この物語で注目しておきたいのは、次の点である。僧が、猿を縛って連れて、里に戻り、まず舅《しゅうと》の門を開けよと叫ぶが、家の者は猿を恐れて門を開けなかった。すると、僧は「開けなければ悪いことが起こるぞ」と言う。そうするとやっと門を開けるという展開であった。このやりとりは、その後に里の「大領」の家に行った時も同じで、今度は同行した舅が門を開けよと叫び、「開けなければ、悪いことが起こるぞ」と言うと、「大領」はしぶしぶ門を開けたのであった。

ここでの二度にわたる「呼びかけ」による開門は、猿を神と恐れる意識からすれば、いかにもあっけなく単純すぎる展開である。その詞通りに、「悪をもたらす」という恐れが神の恐怖に勝り、それによって、詞に従って門を開けざるを得なかった、という理解になる。すなわち、唱えた詞のとおりになる懼《おそ》れ、いわゆる言霊《ことだま》思想によるものなのである。神が猿であったことが暴露されて、神像が地に落ちる一方で、「言霊」は霊力のあるものとして機能している。里人が猿を神としていた愚かさを諭《さと》した僧も、言霊には信を置いていたのである。ここでは言霊が神の地位を奪っている、ともいえる。その力の持つ大きさがあらためて知られる。

国司上訴闘争

一〇世紀以降、古代の訴が集中的に確認できるのは研究史上、国司苛政《かせい》上訴闘争といわれる一連の訴である。これは国内の百姓等が受領《ずりょう》の非法を朝廷に訴え出たもので、一〇世紀後半から頻発し、一一世紀半ばには急速に減少したものである。当初、政府は訴えられた受領を処罰する方針を採ったが、後には形式的な処罰に止まった。一方で、国司の任期の延長を求める「善状」の訴もあり、百姓等の主体的な訴であるかどうかが問題のあるところである。政敵への対応も含め政治的に組織された面も確実にあったが、それも訴が効果的であった時期にかぎられ、訴の急速な減少も、効果が少なくなったことへの反映であろう。

しかし、本書の関心からすれば、これは興味深い現象で、これまで述べてきた、前律令時代、律令の時代、その後の改訂措置、の変遷に通底していたであろう「音声での訴の伝統」と深い関わりがあると考えている。

なお、坂本賞三氏はなぜ郡司百姓等の国司上訴が認められていたか疑問、と述べているが（『日本王朝国家体制論』東京大学出版会　一九七二年　二二二頁）、これは本書で説くように「公門での音声による訴」という古い時代からの社会通念がなお生きていることと、公権力もこれを否定することはできないことを示していると解すべきであろう。なお、上訴の事例は二七例確認できるが、興味深く特徴的なものを取り上げる。

陽明門の訴と合法性

以下、事例を列挙し検討を加えたい。

弘仁七年（八一六）八月　因幡《いなば》・伯耆《ほうき》俘囚《ふしゅう》等、情に任せ、京に入り、小事を越訴す。

これは最も早く確認できる事例である。前後の事情は不明である、何の問題でどこにどのように訴・越訴したかわからない。政府側の対応も不明である（『日本紀略《にほんきりやく》』一三・後一条・「類聚国史《るいじゅうこくし》」一九〇）。

天元三年（九八〇）閏三月一六日　近江《おうみ》国俘囚等、陽明門《ようめいもん》外に群《む》れ、阿闍梨《あじゃり》念禅弟子が俘囚の首を殴り損することを愁う（『日本紀略』後編七）。

近江国俘囚等、陽明門に群参、阿闍梨念禅弟子乱行を愁い申す。俘囚参る期、限り有り。意に任せ入京、その罪無きにあらず。本国に返すべし（『百錬抄《ひゃくれんしょう》』四）。

これは陽明門での訴の早い例。訴の内容はわかるが、政府は俘囚の勝手な入京を問題にしており、訴そのものの違法性にはふれていない。また、陽明門での訴についても問題視はしていない。門での訴のイメージからは、文書による訴ではなく口頭での訴と考えてよいであろう。

以下、永延元年（九八七）七月二六日美濃《みの》国百姓数百人、陽明門において守源遠資《とおすけ》の任の延期を申請（『日本紀略』後編九）、永延元年九月七日伊勢大神宮神人数十人矛榊《ほこさかき》を捧げ、陽明門に参り、国司清邦《きよくに》を訴え申す（『百錬抄』四）などの訴がある。具体的な様子は不明であるが、訴が容れられたこともあり、訴の有効性が確認できる。

寛弘元年（一〇〇四）二月二六日、今朝、住吉神人五十余人陽明門外に来て、摂津《せっつ》守藤原説孝《のぶたか》が神人《じにん》らを打擲《ちょうちゃく》した、と愁い申す（『日本紀略』後編一一）。

今朝、住吉神人、摂津守藤原説孝を愁訴し、陽明門に参り、説孝参入の時に、説孝を追い打つ。別当に命じ下手者《げしゅ》三人を獄所に入れた（『御堂関白記《みどうかんぱくき》』）。

寛弘元年（一〇〇四）三月二四日　宇佐宮神人五百余人、陽明門に参り、太宰帥惟仲《だざいのそちこれなか》を訴える。（後に）陣定めをおこない、訴を容れる（『百練抄』四・一条）。

これら一連の記事によると次のようなことがいえよう。これらの訴は越訴であるが、訴は受け入れられ合法であること。神人・百姓等、訴側の勝訴の事例が多い。訴は陽明門が多いが、その理由の一つは、住吉神人の事例から、官人の出入り口であって、参入の時をとらえて訴をするためと考えられる。

丹波国百姓の上訴

次の事例はさらに多くの情報を提供してくれるので詳しく見てみたい。

寛仁三年（一〇一九）六月一九日　今日、丹波《たんば》国氷上《ひかみ》郡百姓、陽明門において二四ヵ条の雑事を愁い申す。二〇日、丹波守藤原頼任《ふじわらのよりとう》これを搦《から》め取る。

二〇日　大外記小野文義が云う、丹波州民等、西京より東都に来るの間、大庭においいて、国司、皇太后宮下部にからめ捕らしむるの間、州民等外記《げき》局・左衛門陣《さえもんのじん》（いずれも陽明門内部）に走り、逃げ入り、呼び叫んだ。はなはだ狼藉、陽明門の外では弓矢を帯した者等が州民を待っていた、と。

二〇日に勅答使教通《のりみち》が云う、丹波国（氷上郡）百姓、公門（陽明門）に立ち訴訟す、しかるに国司騎馬兵をもって追捕、百姓、左衛門陣に来て、呼言を放つ。

二一日　丹波守頼任が来て言った。公門に立った百姓を搦めしむにより、入道殿（道長）・摂政殿（頼通）勘当ことに重し、これ慮外なことなり。弁ずるところはなはだ多し。左衛門陣頭・外記局に至り呼言を放つ者十余人を検非違使《けびいし》に仰せて、召《め》されそうらえと。

七月六日　丹波守頼任所言の事、これ入道殿の気色（機嫌）を見るべし。今日重ねて（百姓等）愁訴《しゅうそ》に参上すと云々。

七日　丹波国事、国司に、宰相を以って伝え言わしめる事あり、依《よ》って気色《けしき》をとり、深く恩気あり、その次いでに案内申す。

九日　丹波訴人愁状今日召し取る、即ち百姓等罷《まか》り帰るべき由、召し仰せられおわんぬ。（略）丹波守頼任、入道殿に召され参入、勘当なし。

九月二四日　二二日より丹波百姓公門に立ち、善状を申す。さる七月悪状を申し、未だその情をえざるに、今夜善状、宰相のもとより伝送（以上『小右記《しょうゆうき》』）。

長い引用になったが、次のようにまとめられよう。

a　百姓等は人数十余人、年寄りと若者とで構成されていたらしい。最初、陽明門に立って訴訟した。これは「陽明門の訴と合法性」の項で取り上げた事例と同じである。

b　これに対し、朝廷側は何か規制を加えたようにはみえない。取り締まりにあたったのは国司と検非違使の軍であった。百姓等は左衛門の陣に来て「呼言」を放った、というから「たすけてくれ」とでも叫んだのであろうか。いずれにしても百姓等が陽明門で訴を叫ぶことは中央政府が認めていた。

c　国司側は百姓を逮捕した。これに対し、百姓等は外記局・左衛門陣に逃げ込み叫んだ。ここで狼藉と国司側が言っているのは、外記局・左衛門陣に走り入り、叫んだことで、門での訴ではないようである。翌日、国司は左衛門陣頭・外記局へ至り呼言をした者十余人を検非違使に命じて逮捕するように申し入れている。ここでは、国司側も陽明門での訴そのものを罪として弾劾《だんがい》はしていない。問題にしているのは左衛門陣頭・外記局への駆け込みである。その意味でも門での訴は合法であった。ただ、百姓等は身柄を検非違使に拘束されたらしい。

d　この記事で注目されるのは、百姓等の行動である。百姓等は「大庭」（宮殿前の南庭、『大言海』）を通って陽明門に向かい、門の外では検非違使が待ち構えていた（したが

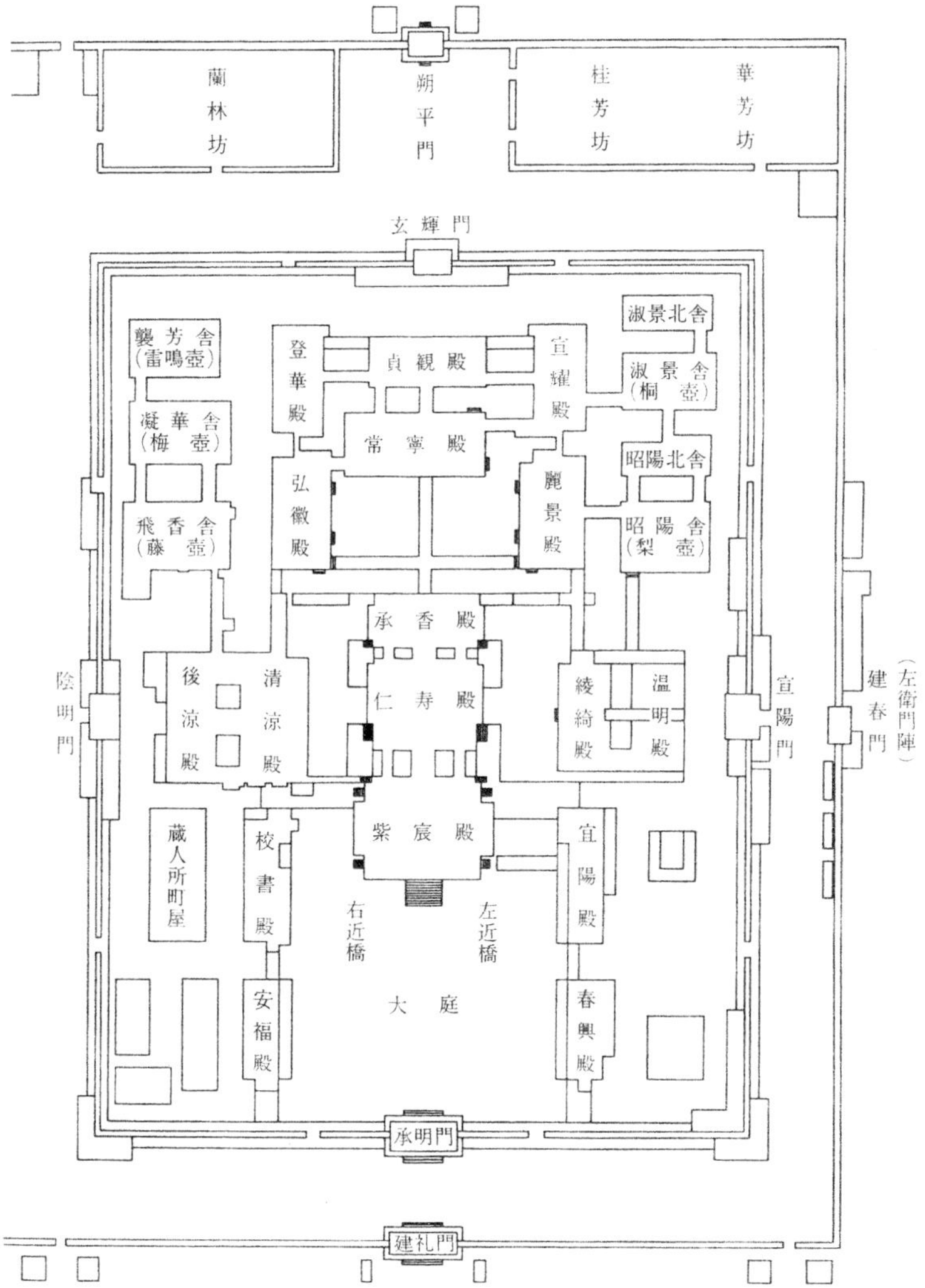
蘭林坊
朔平門
桂芳坊
華芳坊
玄輝門
淑景北舎
襲芳舎（雷鳴壺）
登華殿
貞観殿
宣耀殿
淑景舎（桐壺）
凝華舎（梅壺）
常寧殿
昭陽北舎
弘徽殿
麗景殿
飛香舎（藤壺）
昭陽舎（梨壺）
承香殿
後涼殿
清涼殿
仁寿殿
綾綺殿
温明殿
陰明門
宣陽門
建春門
（左衛門陣）
蔵人所町屋
校書殿
紫宸殿
宜陽殿
右近橋
左近橋
大庭
安福殿
春興殿
承明門
建礼門

図2　平安京内裏図

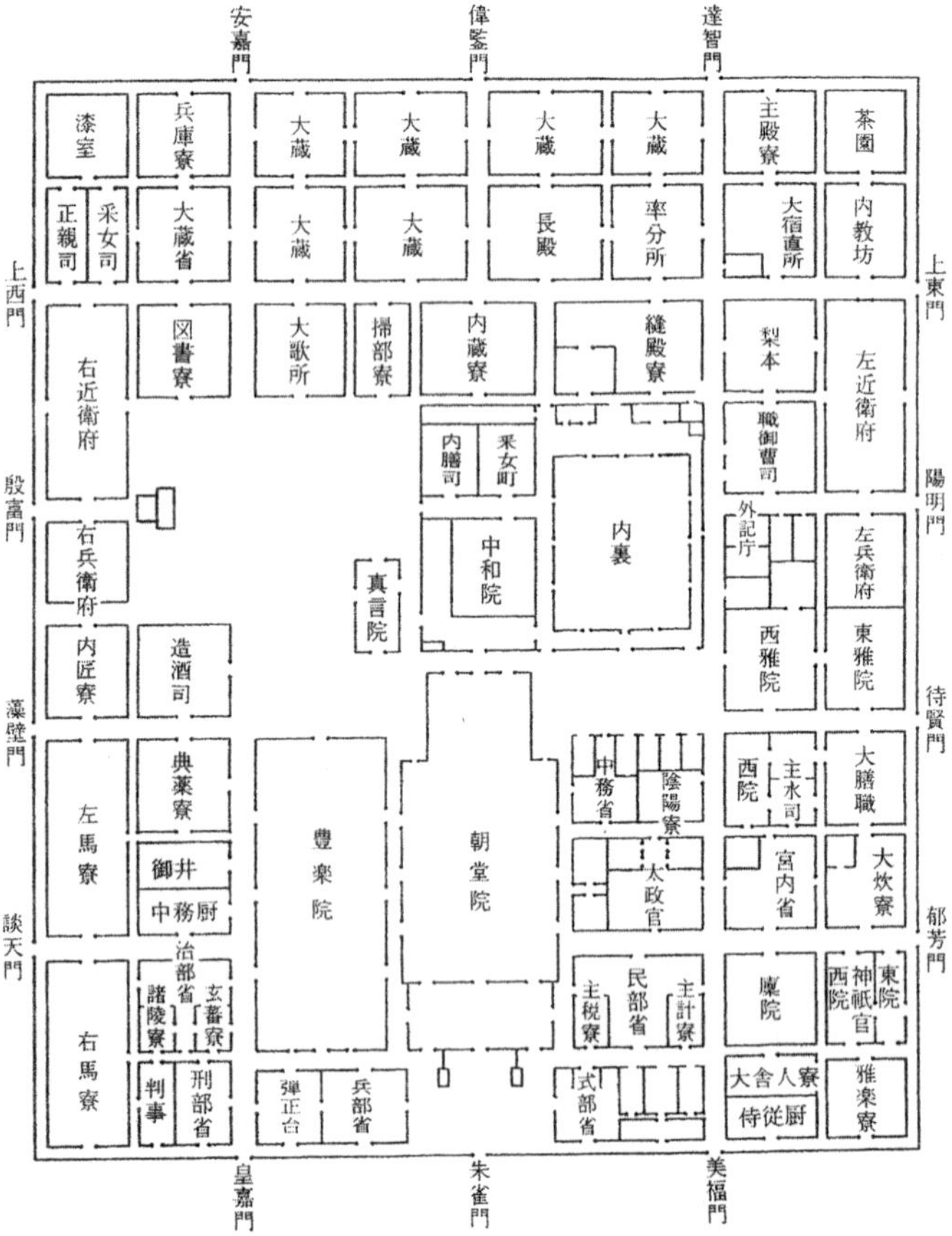
安嘉門
偉鑒門
達智門
漆室
兵庫寮
大蔵
大蔵
大蔵
大蔵
主殿寮
茶園
正親司
采女司
大蔵省
大蔵
大蔵
長殿
率分所
大宿直所
内教坊
上西門
上東門
右近衛府
図書寮
大歌所
掃部寮
内蔵寮
縫殿寮
梨本
左近衛府
内膳司
采女町
職御曹司
殷富門
陽明門
右兵衛府
外記庁
中和院
内裏
真言院
左兵衛府
内匠寮
造酒司
西雅院
東雅院
藻壁門
待賢門
典薬寮
中務省
陰陽寮
西院
主水司
大膳職
左馬寮
豊楽院
朝堂院
御井
太政官
宮内省
大炊寮
中務厨
談天門
郁芳門
治部省
民部省
諸陵寮
玄蕃寮
主税寮
主計寮
廩院
西院
神祇官
東院
右馬寮
判事
刑部省
弾正台
兵部省
式部省
大舎人寮
侍従厨
雅楽寮
皇嘉門
朱雀門
美福門

図3　平安京大内裏図

って、門の内側の左衛門陣・外記局に逃げ込んだ）ので百姓等は大内裏の内を通って、大内裏の東側外門である陽明門を目指したことになる。

e　七月九日、百姓らは帰されるが、「愁状」は今日召し取られ、とある。文意は愁状が受理されたということであろうが、この状は最初から用意されたものなのか、この間に書かれたものなのか不明である。しかし、陽明門での「愁い申す」行為は口頭での訴であろう。おそらく大音声での訴と思う。「二四ヵ条」という記事からは用意された状を読んだということにもなるが、基本的に文字は読めないと考えられる者は百姓ではないといっても良いのではないか。結論からいえば、口頭での訴を、読める朝廷の官人が受け付け、ここで状に認めたのであろう。文字の書けない者の対応としてはあり得ることで、行政としてはあくまで状での訴の受理という手続きを踏んだのである。それが「愁状」の受理であろう。それにしても二四ヵ条は多いので、メモ書きのようなものは丹波から用意していたのかもしれない。あるいは、京都にそのような代筆の「司法書士」がいたのであろうか。

また、注目したいのは、百姓等はわざわざ大内裏の中（大庭）を通って、また通行できるのに、東外門の陽明門にこだわっていることである。これは先の事例から、官人の参入門であるからと指摘しておいたが、それだけではあるまい。

訴の場所としての陽明門

その理由の一つに、大内裏図でみるかぎり、陽明門がもっとも内裏に近いということがある。音声で訴えるならば、効果を考え、塀などの遮蔽《しゃへい》物はあっても心理的に近い場を選ぶことは理解できる。しかし、それだけならば内裏への入り口や建礼門のほうが理にかなうのであるが、そうはしなかった。大内裏外門を選んだのである。そこに第二の理由があろう。おそらく、内裏内部だけではなく、外部への音声の拡がりをも考慮したのではないか。つまり、陽明門での大音声での訴は、天子・官人への訴であるが、一方で平安京の人々への訴でもあった。パフォーマンスなのである。群衆の声は見えざる神の声でもある。その神の声を作るべく、有利にすべく訴の方向は内裏内外に向けられたのではないか。つまり、訴で人々の群衆化をねらったのである。

f　道長はなぜ国司を勘当しようとしたか。その理由は、（イ）訴が合法的でありこれを弾圧するのは違法であるから。（ロ）百姓の訴を弾圧するのは、訴が違法であっても政治的にまずいから。（八）都の治安は検非違使の任で、国司が勝手に武力行使をすることは赦《ゆる》されないから、の三つが考えられる。文意からは（イ）と判断するのが妥当か。ただし、訴は状によるべきであることは動かないが、それを押し通すには百姓等が状作成の技術を持っているのが前提となる。それが確保されていないので、便宜の口頭訴を認めたという関係であろうか。後に紹介する長元元年（一〇二八）七月二四日の事例では「古今の例」とあるので、慣例であることになるが、その慣例とは律令世界になっても本来の訴、律令国家以前からの共同体世界の中での口頭による訴という通念が生き続けていたことによるものではないか。

g　九月に善状を陽明門で訴える。これは国司の作為であろうが、こうした善状を訴える百姓を組織するのも、門での訴に効果があるからである。世情の噂の効果はとくに都では大きく、ここで醜聞がたてば暮らしにくくなる。百姓等は自らの共同体世界の経験則を疑いもなく都に持ち込んだ。そしてその訴は効果的であった。道長が国司頼任を勘当しようとしたのもそれを嫌ったからであろう。その恐れがなくなればゆるす。京都で官人や人々の噂・話題の種になれば社会的制裁が加えられるという意味がある。なぜならば、醜聞で官人は処分の対象になるから。そして、噂をする群衆は匿名性をもつため、噂は神のような天の声に変ずる可能性があるからである。

夜の訴、公門以外の訴

以下の事例は、これまで掲げた事例と共通もするが、異なる要素もみられる。

寛弘三年（一〇〇六）七月一五日、興福寺別当・五師《ごし》・已講《いこう》等来て（道長宅に）、西廓で会う、諸僧は帰る（実は、一昨夜の夜、僧等が参上するので、奇怪であるから、早く帰り、三綱《さんごう》等が申し来るように進めた。夜も昼も帰ることを進めたので今朝ようやく帰った）。中文を進めるため参上し、興福寺は四ヵ条の要求をおこなった（『御堂関白記』）。

この訴はこれまで見てきたような陽明門での訴ではない。屋外の訴ではなく、関白の屋敷に赴いての訴であった。しかし、実はその前段があって、興福寺三綱等ではない、一般の僧が夜な夜な関白宅に参上していた。関白側はこれを「奇怪」とうけとっていたのである。そこで三綱の登場となったのである。注目すべきは、夜の訴は興福寺僧であっても受け入れられないとしていることである。また、三綱以下の参上で訴の受理がされる。史料を省略した部分で、道長は訴状を「見其中文」としているが、「有衆人聞事」とされているから、読み上げられてから提出されたのであろう。状で訴がなされても読むのが通例であったことを思わせる。

ここに陽明門での口頭訴でのパフォーマンスと通底するものがある。訴は口頭音声でおこなうのである、その習俗が生きているとみてよい。

長元元年（一〇二八）七月二四日、昨夜雑人《ぞうにん》一〇人ばかりが、関白（頼通）西門の外において同音に呼言を放ち、雑事を申した。何事か聞かず（不明）。次に堂門に至り同音に呼ぶ。次に南門において甚だ猛く呼言を放つ。尋問されると跡をくらまし分散す。明尊《みょうそん》僧都房、人云うには、但馬《たじま》国百姓、国司過酷に堪えず、逃散の由同音に呼び叫ぶと。余が云う、諸国百姓公門に立って国事を愁い申すことは古今の例である。いまだ夜を冒し呼言を放て訴を致すこと聞かず。実たるべからず（あってはならないことだ）もし許すならば、諸国民庶、夜愁を好むか。たとえ、良吏であっても敵方として夜愁を致すことあるか。一切これを受け入れてはいけない。関白所に存せられる也（承知させておいて欲しい）。この事なお驚くに価することがある。（国司の）過酷の聞こえ無きにしもあらずという。

また、近曾《さいつごろ》、左衛門尉《さえもんのじょう》藤原範基《のりもと》が郎等を殺害した事、紙面にしるし殿上口の戸に張り付けてあり。この事人々彼間有所と云う（彼のことだからありそうなことだ）。指弾すべし（『小右記』）。

この記事は豊富な情報を与えてくれている。まず、公門での百姓等の訴は例にあることとして認める。これはこれまで見てきた陽明門での訴が合法であったことが再確認できる。その上で、夜の訴訟は認めないとする。これを認めると、容易に政敵などによって訴がおこなわれることになるからであるからという。また、訴については訴状のことは全く触れていないことも大事である。訴の要件に状は入っていないのである。そもそも一般の多くの人は文字は書けないのであるから、口頭音声か文字かの要件は問題にならないのである。先に示した吉備真備の施策（二〇頁）、すでに述べた寛仁三年七月の訴（三九頁）の事例のように、おそらく口頭訴をうけて役所・官人が解状・愁状を作成したと思われるからである。その後、中世における百姓申状は多数存在することになるが、これも誰が書いたかは問題ではないのである。歴史家にとっては、百姓等の本音が表現されているのかどうかという意味で、百姓等の執筆かどうかが問題になるが、手続きとしてはこれは全く問題ない。朝廷の役所が受け付けて窓口で解状《げじょう》を作成するか、この手続きを事前に「在地」で僧侶なりに任せるかという違いである。

ともかく、夜の訴は認められなかった。当然、ここには昼夜を異質なものと分かつ時間観念の問題があるが、ここでは触れない。公門での口頭の訴は白昼認められた。私は先に、陽明門での訴は大内裏内外へのパフォーマンスと位置づけたが、さらに、それは訴人が公衆の面前で人体を隠さずにおこなうパフォーマンスであったからこそ合法なのであった。「顔」を露わにして叫ぶこと、ここに顔の問題が登場するが、これは「ことばと文書の共生」の章で述べたい。

一方、別件の殺害事件では「落書」が戸口に張られていたという。これについて何ら論評はなく、「ありそうなことだとの世評」が記されるのみである。音声の訴では顔のわかるように求められ、いわば匿名性《とくめい》は認められないが、落書の匿名性は問題にされていない。この落差には惹《ひ》かれる。口頭の属人性、落書の非属人性を示しているからである。やはり、口頭音声である詞と個人を示す最大の指標である顔は密接に関係するとみることができそうである。

効果的に訴える

記事は続く。

二六日、但馬国百姓、夜部関白門外で呼声を放つ、一夜の如く云う、

その詞は、白昼愁い申すは殺害される、よって夜中に申すのだ。愁い申す人が知られないためである、という。

昨日、参内《さんだい》した時に男らが申すには、夜な夜な但馬百姓と称して呼言するのは、橘《たちばなのとしたか》俊孝朝臣の所為《せい》であるという。諸人が申すのは、俊孝はさいきん縁があって但馬に下向した。不善な事がおこなわれ、国が濫吹《らんすい》した、国司が在京のためという。帰国の後、俊孝は追い払われ、因縁の者は譴責《けんせき》された。たちまち俊孝は忿怨をなしての所為だという（『小右記』）。

この話は、但馬百姓の訴の背景がわかる。どうやら橘俊孝の仕掛けたものらしいが、百姓等が二四日の夜の愁を実資が非難したことへの反論・弁明をしていることが興味深い。話がかみ合っているので情報は相互につつぬけだったのである。おそらくそれは承知のことであろう。

また、百姓等は呼言をしながら、範基を落書で訴えたことになる。呼言では国司過酷を訴え、逃散をする、と政治的な訴を申したのであるが、一方で、落書では刑事事件で個人を訴えた。ここには呼言＝口頭音声の訴と落書の性格の差が出ているのではないか。落書は政務を批判するにはふさわしくないのか、というよりは、個人をおとしめるには落書が都合がよい。これは徹底して匿名での訴でありえるからだ。

以上述べてきた国司上訴を本書の関心にしたがってまとめると次のようなことになろう。

①　闘争の形態は三段階に分けられる、陽明門・公門の訴の段階→陽明門以外での訴＝関白の家門での夜の訴の段階→天皇直訴の段階（本書では省略）。概括すれば、外野→政治の実権者→天皇、という政治の中心により迫る流れといえる。
②　陽明門での訴は、内裏を横切っても陽明門をめざしたことによって意図的なものであることがわかる。官吏の出入り口であり、訴の対象を捕捉すること、内裏＝天皇へ届く声のアピール（後の直訴から考えても）、さらに訴は京都の町中への「言い触らし」という多様なねらいがあった。
③　公門での訴は合法的である。しかし、それは律令の条文で認められているという意味での合法ではなく、「慣例」としてのそれである。したがって為政者が積極的に認めたものではなく、社会通念として為政者にも否定できない、暗黙の了解としての合法性である。ここに訴の原型の底流を認めたい。

坂本賞三氏は国司苛政上訴闘争は、「在地領主を先頭とする農民が未開の荒野を開拓して新天地をひらき、それを既存の『名《みょう》』に編成しようとする国司の支配に対抗して、やがて別名として公認される実態を形成しつつあった」（『日本王朝国家体制論』東京大学出版会　一九七二年　一九八頁）ことを背景に、「国司苛政上訴は、国司の補任権を掌握する中央政府に上訴するというもっとも効果的なポイントをおさえたものであった」（二〇〇頁）とされた。それは「郡司や在庁官人をも包含した広汎な人民の結束によって実現したものであった、と評する。確かにそれは指摘の通りと思う。しかし、郡司・百姓等のねらいは、中央政府への訴もそうであるが、平安京の民への訴でもあった。「国司苛政上訴闘争」は「京都越訴」運動で、「都市共同体」へ猥雑な騒擾《そうじょう》をもたらすことによって、その秩序へ波紋を投げかけることにもねらいがあった。それは民の群衆化、音声の世評化を目的としたもので、顔を露わに訴をする張本を群れに隠し、訴を天の声として匿名化し為政者への圧力を強めようとするものである。

そのためには音声の詞の訴という、安寧秩序への「不協和音」がどうしても必要であった。

「諸国の郡司百姓等が公門に立って国司苛政を上訴するということは、べつに越訴とはされずに合法的とされていたようである」（坂本前掲書　二一二頁）が、どんな形態でもというわけではない。それは昼間と決まっていた。夜は認められず、昼が通例である。その理由は夜の訴は訴人が誰であるか不明であるからであるという。つまり、匿名での訴は認められない。これは政敵の謀訴をまねくからであるという。

一方で、落書という匿名の訴は生きていた。とすれば、口頭訴・音声訴の匿名は認めないということになる。ここに都共同体の安寧秩序をめぐる「音声」の緊張が示されている。同時に音声・口頭と個人の不可分性をみる。音声の属人性、そして暗闇での訴は認められないとすれば、それは個をさし示す顔との不可分割性をもつのであろう。ここに口頭訴の特質をみる。

中世の訴の場景

訴訟の制度

中世の訴訟制度は、朝廷・公家の世界においては基本的に律令を踏襲している。鎌倉中期以降、徳政が重視され、「雑訴《ざっそ》興行」（裁判制度の充実）が重視されるようになるが、それは民間での寄せ沙汰《さた》・大寺社の強訴《ごうそ》、幕府の裁判制度の充実に対応するものとされている（笠松宏至『日本中世法史論』東京大学出版会　一九七九年）。武家の訴訟制度は鎌倉幕府から新たに出発するもので、その到達点は『沙汰未練書』に示されている。すでに幕府の制度については専門書・概説書含め多数あるので、詳説はさけ簡単に紹介しておこう。

鎌倉幕府は裁判・訴訟の系統を雑務《ざつむ》（債権・動産関係）沙汰、検断《けんだん》（刑事関係）沙汰、所《しょ》

務《む》（所領関係）沙汰の三つに分け、所務沙汰では訴状と陳《ちん》状（訴状に対する反論）を三回やりとりする三問三答がおこなわれた。裁許は引付《ひきつけ》（判決草案を作成する役所）頭人より勝訴者に渡される。当事者の訴・陳状の交換は当事者に任せていたから、そこでのトラブルも避けられなかった。裁判結果の救済措置としては、越訴《おっそ》が認められ、手続きの過誤には庭《てい》中《ちゅう》（直訴）があった。

基本的には、幕府の訴訟制度も徹底した文書主義である。この点では律令国家・公家政権と変わらない。おそらく、中世社会に文字が浸透したことに関して鎌倉幕府の訴訟制度の果たした役割は大きいと思われる。

越　訴

口頭の詞による訴という社会の伝統はなくなったわけではない。それは訴の救済措置である越訴によく表れる。越訴は、裁判に敗れた者が上級の権威に訴えるシステムであることからみれば、敗者の世界ということであろうか。

幕府が成立し、伝統や先例を重んじる公家政権も、新制を出して新しい社会での対応をしていた。しかし、前節で確認した口頭の訴の流れはやはり生きていた。

弘長三年（一二六三）四月三〇日神祇官下文の第一六条目に「越訴事」があり、

所行この式に背かば、不日参洛を企て、高声子細を言上すべきなりとある（『中世政治社会思想』下　岩波書店　一九八一年）。ここでは、本来、律令では否定したところの越訴の規定が生きている。これは新規である。そして、その訴は「高声」、つまり口頭でおこなうことを規定しているのである。前節でみたように、律令制は制定五〇年にして壬生門《みぶもん》での口頭の訴を認めていたが、形は変わって鎌倉時代の中期でも確認されるのである。この口頭の訴の流れは確かに生きているのである。

しかも、「高声」で言上せよという。高声は大きな声、大きく通るような声であることに間違いない。なぜであろうか。これは訴を文書ではなく聞き取りによって受理することを意味する。受け付ける者は複数なのか、そもそも受け付け部署があるのか、一定の空間の広がりを想定しなければ、高声である必要はない。「上洛」としかないが、あるいは陽明門のような門を想定してよいのか。

一般に、官庁での対応を想定するならば、高声は猥雑にとられ、嫌悪されるのが普通ではないか。それをあえて高声と指定しているのは、そもそも訴が官吏に届くかどうかもわからないこと、秘密・隠密な受理または不受理・拒否ではなく、公明・公開でことに当たることなど、官吏の私曲を排する措置でもあろう。こうしたことが、高声＝拡散＝公開、の理由ではないか。いったん処理された裁判への再審請求としては相応しいのかもしれない。

また、高声は後に見るように非礼とされる行為でもあった。それをあえて高声としていることは、一種の異常、秩序破壊で、これをルール化していることになる。これもそもそも一時的・表の訴のあり方とは異なる、二次的・裏の訴にふさわしい形なのであろうか。高声での訴えの異常さが、官庁に緊張をよび、越訴と認識され了解され、位置づけられる、ということになろうか。

また、高声は屋外である公門での訴という伝統を受けついだものでもあろう。門で訴をするパフォーマンスはすでに触れたが、その形をイメージし、踏襲しているのである。伝統社会をになう公家社会は、社会に通底する口頭訴の伝統、大声での訴の習俗を全く廃止することはできないのである。先例であり前例である門での訴は、「高声」という、一見、公家社会とは似合わない形で生き残った。越訴とは本来そうした猥雑なものなのかもしれない。

この神祇官下文の内容は、同年八月の宣旨《せんじ》第二七条でも確認される。そこでは、役夫《やくぶ》工《く》・造内裏等以外の臨時賦課の徴収を禁止し、官吏がこの命に背けば、「土民官底に参りて、よろしく言上すべし」とある。ここでも越訴の規定であり、高声とは記していないが、口頭の訴であり、まず、大音声での訴となるであろう。したがって、こうした越訴の形への認識は公家社会・朝廷全体のものであったと考えて良い。

建武《けんむ》新政の法においても記録所への直訴は禁止しながらも、越訴そのものは許されていた。

若有二参差《しんし》事一者、当所庭中弁越訴之時、可レ申二所存一、（『建武記』）

雑訴決断所・記録所への直訴は禁止された。とくに係争中の直訴は処罰が重かった。その原則の上で、敗者の救済措置としての庭中・越訴では所存を申すことは許されていた。所領関係の訴訟は公験《くげん》・文書で争うのが原則だが、この所存を「申す」のはおそらく口頭であろう。前段のように「高声」とは定められていない点、「おとなしい」が、決断所の場でも口頭で、強く、激しく詞を叫び戦わしたに違いない。しかし、越訴ということからすれば、正規は文書で、臨時（越訴）は口頭でということになろう。とすれば、文字と詞の関係は、前者が優位・正式、後者が劣位・略式ということになる。別の言い方をすれば、文字世界の敗者を詞が救うということにもなる。また、詞、口頭は情動喚起的であるので、詞のほうが敗者の情にかけた訴えにはふさわしいということでもあろうか。そうであるならば、これは一種のガス抜き、鬱憤晴らしの作用でもある。

稲葉伸道氏は、こうした公家政権における越訴制を「公家訴訟制度は徳政の最重要課題として、改革が進められ、伏見親政においてほぼ確立するに至った」こと、この方向の一つとして「幕府訴訟制度にならって庭中・越訴の制を開始すること」としている（「中世の訴訟と裁判」『日本の社会史』五巻　岩波書店　一九八七年）。しかし、この口頭越訴は古代から社会の底辺に存在し続け、律令制下においても制限されながらも垣間見えていた。その口頭での訴を政権として組み入れた形を示したもので、その形はともかく、本質的には武家に習ったものではなく、社会に通底していた伝統を形を変えて生かしているのであると思う。

鎌倉幕府の越訴

幕府の越訴では「起請の詞《きしょう》」での越訴は禁止されていた。これは敗訴者へ評定衆《ひょうじょうしゅう》の誰かが、将軍・執権へ越訴の「状」（紹介状・起請文）を与えることを禁じる意であるとされる。これは将軍と執権との確執の中で定められたもので、理念的には将軍への越訴はあり得たことになる。その後、越訴とは直訴（庭中）から再審請求へと意味が変化する。文永元年（一二六四）越訴頭の設置によって将軍への越訴が認められ、同四年には頭は廃止された。御成敗式目《ごせいばいしきもく》三一条で、審理にあたった奉行人を訴えることは禁止され、事実上、越訴は禁止される。

このように幕府の越訴をみると、制度的に整えられているようにみえるが、そこには一貫して状、文書による訴という発想が貫かれている。幕府こそ文書主義者である。しかし、それは口頭の訴や詞を軽視しているという意味ではない。式目八条では悪口の咎を規定しているように、むしろ口は災いの元であることを十分認識しているからこそ、成敗式目として文書の規定をはっきりさせているのであろう。したがって、音声・詞の役割、威力を承知していた。しかし、それにしても幕府の、とりわけ所務沙汰における文書主義の姿勢、これが日本中世を通じて文字を律令官僚世界・権門荘園領主以外のいわば凡下《ぼんげ》・庶民世界に文字を普及させていったのであると思う。

それでは、公家官僚世界や幕府世界とは異なる、在地の世界での訴はどのようであったか確認しておこう。

在地の訴

まず、次の歴史の一場面をみてみよう。時は永正元年（一五〇四）七月六日である。場所は、和泉《いずみ》国日根野《ひねの》荘入山田《いりやまだ》村。事件と場面は、盗みの疑いで処刑された兄正円《しょうえん》右馬《うま》の、弟の高野聖順良《じゅんりょう》がその処刑に疑義をはさみ、四ヵ月も経ってから領主九条政基《くじょうまさもと》が在荘する長福寺《ちょうふくじ》に参上し、中次と奉行とに掛け合っているところである。

盗犯人正円右馬の処刑から四ヵ月も経って弟順良は訴訟に及んだ。中次の長法寺照は番頭に聞けと追い返す。今度は順良の同宿が、その番頭を伴って再度交渉に来る。その場面である。

順良の同宿　一塵の事も証拠がないものを、このように御成敗するとは、たとえ御本所といえども、その御庭を穢《けが》すことで許されない。訴人があったならば、その者を死罪にすべきだ。

政基　長盛（政基の奉行人）、首を切ったのは去る三月の事だ、百二、三十ヵ日以後になって訴人も贓物《ぞうぶつ》（証拠）も置いておくわけがない。犯人を捕えてから、番頭をもって子細を村に触れさせても、親類兄弟も罷り出てはこなかったではないか。そして犯行の事実がはっきりしたので、切り棄てた。以後、数ヵ月を経て、訴人や贓物やとの申し出は成り立たない。そのように返答しろ。

再び参りて問答を加え、数返の問陳をし、いまや奏者長法寺と順良の同宿とは高声に及んでいる。

長盛　私は当時京都に居てこちらは留守にしておりましたので前後の事情がわかりません。理に従った判断ができず、ただ無礼・無理を申し立てる者をどう扱いましょうか。この際、かつての訴人を召し出して対決させましょうか。

政基は、事情を知らないなら、と、三月二八日以来、閏三月二四日までの日記の記事を全部読み聞かせる。

政基　このように結着したものを今さら覆すことは許されない、そもそも高野の僧とはいえども、もともとはこの荘園の百姓ではないか。本所の成敗に逆らうとは何事か。出頭するべき時は来ないで、百余日過ぎてこのように訴え出るのを認めて、かつての訴人を対決させる措置をとるなら、それ以前の盗人の処罰事件も、すべて審議をやり直ししなければならないことになる。したがって訴人等を召し出すことはできるはずのものではない。

長盛　なるほど分かりました。

「無実のものを処刑するとは穢れぞ」、と宗教者らしい主張をする順良側。報告を受けた政基は、事件が発生し犯人の身柄を拘束した後、異議申し立ての触れを出したがアピールがなかったこと、四ヵ月も経ってからの訴の不当性を反論させる。しかし、その反論でも順良側は納得せず、対面している申次の長法寺とは「高声」になって、互いに興奮し激論になっている様子が政基にも聞こえた。困り果てた奉行長盛は、自分が事件当時留守であったと言い、訴人と対決させてはどうか、と妥協案を政基に上申する。しかし、政基は、事件当時の日記を前後一ヵ月に渡って長盛に読み聞かせるのである。長盛は納得する、という展開になる。

この記録は有名な『政基公旅引付《たびひきつけ》』の一節である。九条政基は、この時点ではすでに関白を辞していたが、京都政界のトップの一人である。京都に居にくい事情があり、また自分の荘園の経営の建て直しもあって、和泉国日根野荘に下り、約四年間在荘した。その時の日記が『政基公旅引付』として現存しているのである。

さて、このシーンは実に興味深い。文書では到底迫れない、記録の持つ現前的な実録性がある。几帳面な筆で、筆録という側面ばかりでなく、レコーダーとして音声も捉えていると思うからである。

交渉する右馬の弟順良とその同宿人。長福寺の玄関であろうか、対応する中次の長法寺照。両者の間で、くり返し詞の応酬があった。いったんは引き下がった順良であるが、同宿人は証人の番頭を引き連れ、再び交渉に。あるいはこの同宿人が越訴の仕掛け人であったのであろうか。両者のやりとりはしだいに激しく対立を高め、激高し、ついには口角泡をとばし高声にやり合う。

やりとりの迫力に圧されたのであろうか、奉行長盛は政基に相談し、留守にしていたので経過を知らない、と逃げ腰である。奉行のこの態度に業を煮やした政基は、手元にあったであろう、日記の該当日の条を声を挙げて読み上げる。玄関先の声を意識したはっきりと確信を持った声ではなかったか。力を得た奉行は再度交渉の場へ。

問答のシーンはやや怒りの潮が引いて、一時、場を変えることで得心という展開になる。多彩な詞づかい、息づかいの強弱を思わせる音声が展開する。

「その時」を、歴史の口頭音声のシーンを見事に描いている。ここは京都でも、朝廷でもない、前の関白がいる御所とはいっても、和泉の山間の田舎である。こうした在地での訴のやりとりという非日常のシーンにおいても確実に詞が主役であったことがわかる。

そして、記録が情報の蓄積として有効に生かされていることも確認できるが、それは読み上げて、今に復活するのである。その意味では文字で書かれた記録も詞の媒介なしには生き返れないのである。

古老

かつて私は、荘園の村落で日常的に生起する事件は、一々荘園領主や地頭に訴訟するのではなく、在地の古老の下で処理されていることを明らかにしたことがある（拙著『日本中世村落社会史の研究』校倉書房　一九九六年）。詳しくは同書にゆずるが、紛争解決のキーマンとしての古老は在地だけでなく全社会的なもので、とくに村レベルの紛争の解決は地元で信頼と権威のある古老の裁量によって解決されたのである。その中で、古老の証言・詞、そして、古老への訴、これらは口頭音声の世界であった。時代が下がって江戸時代の例であるが参考に掲げておきたい。

江戸時代の村の一揆

明和五年（一七六八）、この年一一～一二月、大和国では国中で百姓の一揆が起こるという騒然たる有り様であった。困窮のため当年の年貢減免を求めて「ふか田池の堤に寄集りかゞり火たき、人数千人余寄候て」「段々に人数集り所々方々の森の内、又ハ宮森等に寄り村々へ寄せかけ、不心得之村にてハ大勢いの人々やしない被呉候様と申かけ候て、得心之人無之候へハ大セいの人あばれ、くひ（食）いたして難儀致、夫ゟ段々人数弐三万人も集まり、たいこかねほら等吹きたて候」という状況であり、「人々口々に申て事済不申」と群衆の騒然たる様子がわかる。本書の関心でいえば、太鼓・鐘・法螺《ほら》がなり、人々が大きな声で喚《わめ》きちらす、非常時の音であり、越訴の音声であり、人々の群衆化に注目しておきたい。

その契機は、同年一一月、郡代川原惣右衛門は曾我村に六五両の金子《きんす》を急いで出すよう命じた。そこで一二月一二・三日ごろ、惣百姓等は川原に詰めかけ金子は「出来不申由申上」るところ、

惣右衛門「殊外腹立被致」て、「百姓方をさん〳〵にしかり付、のつへきならさる様
申被付」た

惣百姓「腹立致シ、当村惣百姓こしをかゞめ一同に申し合はせ」「御請申候事相成り
不申、何事に不寄《よらず》此後、川原惣右衛門申被付候事、聞入不申と惣百姓ゟ口々悪《あ》
敷《しく》申立」

のであった。そのため、川原惣右衛門は一六日に故郷丹州に帰ることになった。しかし、百姓方はこれを知ると同時に、申し合わせて陣屋に詰めかけた。

惣百姓　五年前の御用金を約束通り返していただきたい、また、「銀札引換之儀」も約束どおり実行していただきたいと。「右之口々早々訳立候ハ者古郷へかへし申候、若訳立相済不申候ハヽ、此村方へ惣右衛門もらい候て、我々共之様ニ百姓為致、相続成り候物か、ならざる物か、為致見度候事と惣百姓口々に申候へハ」

惣右衛門「一言無」
「夫ニ付惣百姓ゟ口々ニ申候ハバ」

惣百姓「こしおすゑおのれ惣右衛門め、是迄ハ御ぐん代と奉存候て、何事にても請

候所、やうも〳〵是迄御百姓をいぬ《(犬)》かねこ《(猫)》かの様ニ百姓をどうしをれ、こうしをれと、ひにんこつじき《(非人・乞食)》同前ニ申、かりそめにも、けんい《(権威)》にて御百姓をたゝききめ付やうもいたしたな、己惣右衛門めどこのうしのほねやら、馬のほねやら知れもせぬやつが、御百姓をぞんぶんにやうもぬかしたな、最早百姓も命かぎりに候へハ、是迄上ケ置候御用金、先納銀、銀札引替等訳立相不済候ハ者、是非共惣右衛門めもらい候と、口々申」

「大勢之人々大おん《(音)》にてあまりきひしく申候」「大おん《(音声)》上にて口々大勢百姓ゟ申立テ」

たのである。そして、惣右衛門が「尻からげてすご〳〵と惣右衛門一人と孫八とこそ〳〵にげかへるかりさまハ、ここちよかりし次第なりと、皆々申スなり」というしだいであった（「曾我村堀内長玄覚書」平井良明『大和国庶民記録』清文堂　一九九三年）。

付け加える必要もなく百姓らの怒りの激しさがわかっていただけると思う。役職をはずされた郡代はただの百姓だ。村に貰い受けて百姓として使えるかどうか、使ってやる、という。どこの馬の骨とも知れない者が百姓を犬や猫のようにののしり、こき使い、許せないという。先納した銀を返せという、それができなければ身柄を百姓等に渡せ、という。

図4　どなりたてる人（『伴大納言絵巻』出光美術館所蔵）

その分働かせるというのか、それとも処刑するのか。いずれにしても百姓らの怒りの気持ちは詞として表現される。それも激しい詞で、口々に唱和するように、おそらく厳しく怖い表情で、正当な主張であるが、猥雑に大音声で、叫んでいる。これが村での訴の有り様ではないか。

未開社会での詞

時代を下げたついでに、未開社会の話を紹介しておこう。

外婚制の規則を破った少年が自殺した。少年が母方の従妹へ恋していることはすでに周知のことではあったが、恋敵が、全共同体の者が聞いているところで、少年の近親相姦を非難し、原住民にとって耐えられぬ表現をもって怒鳴ったことから事件はおきた。これにたいする唯一の少年の『逃避の手段』として、少年は盛装し装身具を身につけ、椰子《やし》の木にのぼり、椰子の葉の間から共同体の全員に話しかけ、別れを告げ、恋敵にたいし、非難をふくむ言葉を浴びせた。そして、飛び降り死んだが、この非難の言葉が氏族員の復讐の義務を生んだ（B・Kマリノウスキー『未開社会における犯罪と習慣』新泉社　一九六七年　六八頁）、「刑罰は犯人に突きつける恥辱《ちじょく》と嘲笑《ちょうしょう》からなる」（同　一〇一頁）。

このように、村の訴は詞であり、その詞は人を動かす力を持っていた。

訴の音、浄化の音
――薬師寺の検断権

『薬師寺中下臈検断之引付』（『奈良国立文化財研究所年報』一九六八年）という記録がある。この記録は大永六年（一五二六）より慶長一一年（一六〇六）にかけての記録である。内容は大和の薬師寺内およびその周辺寺領における検断、犯罪事件に関しての警察権・裁判権行使・評定記録である。したがって、あくまで薬師寺寺法の範囲内での記録という性格を持つが、朝廷や幕府といった中央公権力とは異なり、また在地の慣行も色濃く反映しているので「在地の法」・慣習法を知ることのできる素材である。

まず、在地における検断――刑事犯罪の処理の実態を示す一事例を示しておこう。

大永七年七月七日のことである。五条郷で仕丁《じちょう》の専松を五条座の専千代が殺害するという事件が起きた。薬師寺（中下臈）は尋使を派遣したが、それについて郷の惣地下《そうじげ》は上申して、尋使の派遣を拒否しようとした。しかし、これは認められず逆に五条郷は三輩《さんばい》衆集会から、いわば公務執行妨害の罪科有りの決定をうけることになった。これに対して長《ちょう》懐《かい》と覚実《かくじつ》の両僧が仲人となり詫言を取り次いだ。その結果、郷の「長沙汰人」が八幡宮の神前で「牛王宝印《ごおうほういん》を翻《ひるがえ》し告文《こくぶん》」を書くことで決着が付いた。この経過そのものは寺領郷内の検断権は薬師寺が所持していることを示すものである。

しかし、この事件には別な展開もあった。先年五条郷で喧嘩《けんか》があったとき、郷は尋使の費用を五条座にも賦課《ふか》したところ、五条座は「喧嘩の場所や喧嘩した者の居所で、誰がどう沙汰するということはない」と主張して費用の支払いを拒否した。これに対し五条郷は「それならば五条座の内で喧嘩が出来《しゅったい》しても、外の郷民は尋使の費用は支払わないと、内々示し合わせた」という措置を執っていたのである。ここから、薬師寺は寺領の郷を一括統治していたが、五条郷・五条座はそれぞれ独自に自治をしていたことがわかる。同時に寺側に知らされなければ喧嘩などはそれぞれに処理していたことも推察できる。これに付随して、彦四郎が「五条座之長」として薬師寺に上申したところ、寺は「彼座之内可有長之事不謂」として、「然上者彼座之長ト云事不可有之者哉」という処置を執ったのである。つまり、薬師寺は五条座の長という存在を認めなかったのである。すでに前項で述べたように、在地での小さな紛争は自治の範囲内で古老・長（おとな）の下で処理されていたことをこの記録からも垣間見ることができよう。そして、それは寺の統治、行政とは別次元で、寺の知らぬところでおこなわれた。

貝を吹く

享禄五年（一五三二）五月七日、寺内で浄信房と越前公とが刃傷《にんじよう》に及んだ。そこで「則中戸門ニテ貝ヲ被吹畢、両人倶罪名也」ということになった。

この「貝を吹く」行為は他にも見られる。

天文二年（一五三三）一二月一五日早朝に宮中茶屋で七条の孫九郎を尻江田の八男が刃傷した。即座に両人の家を焼くために尋使を出したが、八男には家がなかった、そこで「尻江田之里中ニテ貝お被吹畢、住屋アレハ家ヲ放火在之、住屋ナケレハ罪名計在之而、貝お吹在所へ尋使被放事決定也」という展開になった。すなわち、この貝を吹く行為は「罪名」の宣告・公示と結び付いたものであった。

天文八年九月、稲が盗まれる事件が起きた。被害者が自身で苦労の末犯人を捕まえた。

そこで処罰ということになったが、犯人の一人は家を持っていなかった。そこで「クト（竈）以下モ無之由被申間、罪不付貝吹了」ということになった。すなわち、この場合は「罪不付」に「貝吹了」ということであろうか。ちなみに家を持つことは竈を持つと表現される。

天文二二年（一五五三）五月八日、実宝院《じっぽういん》に盗人が入った。一〇日ほどの捜索の結果、与四郎が犯人として捕らえられ、仲間を白状をした。中下﨟衆が仲間を逮捕に出かけたところ、衛門四郎は逐電《ちくてん》した。「則住屋ヲ放火シ、貝ヲ被付畢」となった。貝を吹いた、のである。

以上が『薬師寺中下﨟検断之引付』の中の貝を吹く記事のすべてであるが、後に紹介する『薬師寺上下公文所要録』（『史学雑誌』七九編五号）より一事例を追加しておこう。

天正八年（一五八〇）、前年より織田信長の命で、宇治橋の架け替えの人夫が寺を通じて惣郷に賦課された。木引《こびき》の役であるが、惣郷は酒手《さかて》を要求して、神水を呑み、三輪山《みわやま》の木を奈良に引き捨てるという暴挙に出た。詳しい交渉の経過は省くが、筒井順慶《つついじゅんけい》から軍勢が出るという実力行使となった。中下﨟衆も人数を出し首謀者の八人に対して「以上八人放火了、中下﨟衆貝ハ不吹、然共成敗郷之故、麦以下検断ニ落了」となった。

以上の記事から、「貝吹」は次のようにまとめられよう。

まず、貝吹は法螺貝を吹くことである。犯科人の家を罰として放火する場合に同時におこなわれるが、家がない場合は貝吹きのみ執行される。貝が吹かれる場は、寺内では中戸門、郷内では「里中」とあるから、集落の中心であろうか。また、「罪名」とセットにされていることがある。この「罪名」とは在所の人々に「罪名を告知」することであろう。「訴」という視点からいうならば、公権力の方が、人々に「訴」をするのである。刑の執行の正当性を訴える形である。公権力といえども在所の人々への告知なく刑の執行はできないのである。

家を焼く

家を焼く行為は罪の浄化であるといわれている。この指摘は理解できるが、原義は居住権の否定であると思う。罪を犯した者は居住を否定され、追放されるのである。この記録の中でも家を持つ者――それは竈を持つかどうかと表現されているが――は焼かれるのである。家のない者は焼かれない。間借り・部屋住みのような者の家は焼かれない。浄化であるならば焼かなければ汚れは祓《はら》えないわけであるが、そうはしていないのである。犯罪者は追放し、居住権を奪えばいいのであって、かならずしも家を焼く必要はないのである。弘長二年（一二六二）一〇月の、現在確認できる最古の村掟である近江《おうみ》国奥島荘《おくしまのしょう》隠規文《かくしきぶみ》でもこの家を焼く規定がある。それは、村への裏切りと悪口をした当人への処罰であるが、まずは追放である。その措置に家族のものが悪口したならば、小屋（家）を焼くとしている。つまり、居住権を認められている段階では家は焼かないのである。また、本書の関心からすれば悪口が重大な罪であることを確認しておきたい。

天正八年の事件の場合、八名の家は焼かれたが、貝は吹かれなかったという。これはなぜか。その理由はわからない。貝の数や、吹き手がそろわないかもしれない、というような技術的理由、一同に貝を吹くことの混乱など考えられるが、不明である。

法螺貝の法力

したがって、貝を吹くのは刑の執行の告知である。執行者の訴である。具体的には、貝によって人を集め、おそらくその場で罪名を口頭で告知し、家を焼く。したがって、人々にとって貝の音は、金属音ほど突き刺すような鋭さはないけれども、重く地の底から響くように空気を振わし、異常を伝え、神経をそば立たせるものであったに違いない。貝を吹かず「罪名ばかり」というのはおそらく、罪名を読み上げ、大声で告知する行為であろう。先にも触れたが、公権力といえども、または、だからか、罪名を集まった人々に口頭音声で大きく叫ぶ、という行為をするのである。したがっ

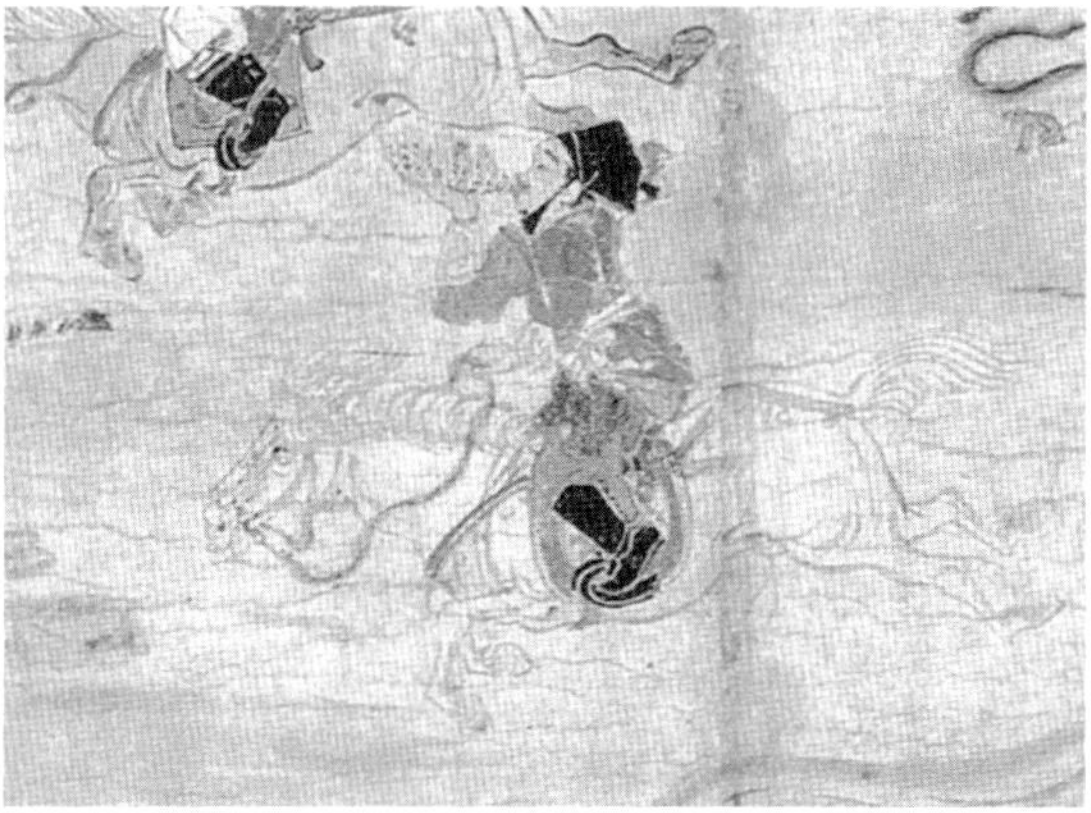

図５　法螺貝を吹く（『北野天神縁起絵巻』北野天満宮所蔵）

て、貝を吹くことは勿論重要であるが、本質は口頭音声の罪状告知にある。これによって刑は執行の正当性を確認されるのである。

　法螺貝とは海産のフジツガイ科の大型巻き貝である。『和漢三才図会《わかんさんさいずえ》』は形状について、白黄色で浅紫斑色があり、大きい物で一、二尺（三〇〜六〇センチ）、小さい物で二、三寸（六〜九センチ）という。紀伊半島以南からインド洋にまで生息する。日本では食さない。『図会』は用途について、これを吹いて軍中に士卒の進退を伝え、修験行者は山に入るとき常に用い狼・狸を避けるとしている。また、平安期には時刻を告げる時に用いられ、「子《ね》時螺吹」（『権記』寛弘五年九月二五日）、「丑《うし》螺後帰休処」（『台記』久安三年六月一八日）、「辰貝ノ過ニ朝日ミニ打入」（『多門院日記』弘治元年一二月一二日）などの記録がある。また、法螺貝は尻にヤスリで穴をあけて、これを吹いて音を出す。この細工のことを「貝を開くとも、又貝口をひらくとも」（『貝考』）というらしいが、吹いて声音を出すことは「貝を吹く」「螺ノ音ヲ立ヨ」という。したがって、薬師寺の記録に「貝ヲ付ス」とあるのは「貝を吹く」の意であろう。

しかし、寺院での法螺貝の意味はもう少し意味合いが違う。『真俗仏事編』（二、音楽）に依ってみてみよう。

問う、法事に法螺を吹くは何為《なんすれ》ぞ、答曰く、仏説法の音声の標識なり、又、これを吹く、諸天善神歓喜して影向《えごう》し玉う故とす、また、これを吹き大乗法義を演じて、大法の威力を彰すことを表示す、また、一切の有情これを聴き、諸罪障を滅する効能あり、義楚六帖曰く、大悲経云う、若一切諸天善神を呼び召す為には宝螺の手を求む、又、法華経云う、大法螺吹き、大法鼓を撃てば、大法義を演じ、大乗法雄猛を表す、不空《ふくう》羂索経《けんじやくきよう》十八曰く、若螺加持《かじ》、高望処詣で大声吹けば、四生衆生きて螺声を聴けば、諸重罪滅す、受け身を捨て、自ずから天上に生す、また、次ぎに螺声聴けば、西方極楽国に往生し、蓮華化生《れんげけしよう》するの文出とある。これによれば法螺を吹くことは単なる情報連絡の警報ではなくなる。法螺の音を聴いて集まるのは、寺内や在郷の人々だけではなく、諸天善神なのである。そして、その音声は大法の威力を表して、聴く人々の罪障消滅をするという。また、極楽往生も叶うのだという。権門寺院である薬師寺の下臈が時に法螺貝を吹くのは、世俗の実用的目的もあろうが、原義においてはこの宗教的理念に他ならない。戦に法螺貝を使用した最初ではないかといわれる熊野新宮軍《くまのしんぐうぐん》が「那智《なち》新宮ノ大衆《だいしゅ》、軍ニ勝テ、貝・鐘ヲ鳴シ、平家運傾テ、源氏繁昌シ給ベキ軍始ニ、神軍シテ勝タリト悦ノ時三度マデコソ造ケレ」（『源平盛衰記』十三）としたのもこの法の力に預かったとされて、その後の戦での貝の利用へと発展したとしてもおかしくはなかったのである。薬師寺領において、犯罪者の処罰というきわめて俗事な事象ではあるが、家を焼く行為と併せて、貝を吹くのは法の威力を以って罪障消滅、罪の浄化の意味もあったのである。これは、薬師寺という権力からの訴ではあるが、この法理からすれば在地にも否定できない音のアピールであった。

声・詞の力と民俗

群衆の詞と平家のおそれ

詞《ことば》・音声《おんじよう》はみてきたように訴という争いの場景で重要な機能を果たす。しかし、決して特定の敵対者を前にした時・場でのみその機能を果たすわけではない。さまざまな場景の中でも実は力を持っているのである。力とは心身をなんらかの意味で規定し、最終的には行動に奔《はし》らすことである。その事例をみよう。

ここでは『平家物語』の中から事例を拾ってみたい。

仁安三年（一一六八）平清盛《たいらのきよもり》が病から回復すると、平家の勢威は揺るぎのないものとなった。大納言平時忠は「この一門にあらざらむ人は皆人非人なるべし」とまで発言した。平家はファッションまでリードし、衣文《えもん》のかきよう、烏帽子《えぼし》のためようをはじめ、なにごとも六波羅様《ろくはらよう》になったという。しかし、清盛は猜疑心《さいぎしん》が旺盛であった。「十四五六の童部《わらべ》を三百人揃て、髪を禿《かむろ》にきりまはし、あかき直垂《ひたたれ》をきせて、めしつかはれけるが、京中にみち〳〵て往反しけり、をのづから平家の事あしざまに申者あれば、一人きゝ出さぬこそありけれ、余党に触れまはして其家に乱入し、資財雑具を追捕し、其の奴をからめとつて六波羅へゐてまゐる、されば目にみ、心にしるといへども、詞にあらはれて申す者なし」という状況になったという（巻一「禿髪」）。京都市中、言論統制がおこなわれ、人々は言いたいこともめったに口に出せなかったのである。権力へ何事につけ不平・不満をぶちまけること、それは民衆の性《さが》である。それは「はなし」ではなく「かたり」であろう。

坂部恵氏によれば「かたり」と「はなし」は異なり、「〈はなす〉が、素朴な、しばしば内容の真偽や話者の意図の誠実不誠実に無記な行為であるのにひきくらべて、〈かたる〉がすでに、意識の屈折をはらみ、誤り、隠蔽《いんぺい》、欺瞞《ぎまん》、さらには自己欺瞞にさえ通じる可能性をそのうちにはらんだ、複雑でまた、意識的な統合の度合いの高い、ひとレベル上の言語行為である」とされる。ちなみに、となえる、うたうは、垂直の言語行為（神へ）で、はなす・かたるは水平の言語行為、人が人への相互的な営みであるとする（『かたり』弘文堂　一九九〇年　三七・四三頁）。

こうしたことを考慮すれば、京の人々は、最初は平家に対し確かな主張を構想したものではないであろう。その時の気分にまかせて「あしざま」に言った。そうした素朴な放逸を通じながら、民衆はみずから相互の緊密さを増し、方向性を探ろうとする、すなわち群衆化である（今村仁司「群衆論」『交換と所有』岩波書店　一九九〇年）。清盛がおそれたのはこれであろう。この都の人々の群衆化を阻止するために、詞・かたりを管理しようとしたのである。そのため六波羅の禿は人々に恐れられ、ついには禁裏《きんり》に出入りするにも姓名を尋ねられることがなかったという。平家政権の恐怖政治というよりは為政者をして「詞かたりの恐ろしさ」に翻弄される姿を示す話である。

重盛の演説

院とその近臣の策謀に腹を立てた清盛は、後白河法皇を鳥羽の北殿か西八条に移そうとする。体のいい囚人である。この話を聞いた重盛《しげもり》は西八条殿に駆けつける。そして清盛を前に後白河の御恩と臣下の道理を述べ立てて、清盛の行動を思いとどまらせる。有名な場面である。重盛は恩と道理をとうとうと述べた後、自身の首をかけて涙ながらにこれを諫《いさ》めた。居並ぶものは皆袖をぬらしたという。これを座において述べた後、中門《ちゅうもん》にでて、侍どもにも諭《さと》しつつ院を攻めるならば「重盛の首」を取ってから、と言い残して退去した。その後、盛国を通じて、「天下の大事」を触れ、侍どもに小松殿への参上を命じた。これを聞いた兵どもは西八条にいたものも含めて京近隣の兵士皆ことごとく小松殿に集合したという。そこで、重盛は中門で、兵士らに周の幽王の故事、すなわち最愛の后褒姒《ほうじ》を喜ばすためにたびたび烽火《ほうか》を上げ、ために大事に兵が集まらなかったことを話し、皆はそのようなことのないよう告げて解散させた（巻二「烽火の沙汰」）。

この一連の重盛の行動は実にドラマチックで語り物、『平家物語』にふさわしい。しかし、この展開も作り物と納得ずくに流すわけにはいかない。重盛の語りは、道理をわきまえ、情に訴え、人々の心を打つものであった。声、その響きは身体の奥底にまで届くものであったに違いない。一門の居並ぶ堂上の座での語り・諭し、下って中門での兵への語り・極めつけと、このパフォーマンスは見事である。しかし、これは演説＝訴えとしての詞での、あくまで口頭の詞・音声を軸とした表現様式なのである。そこに迫力があった。書状になせる業ではない。この力が事態を転換させたのである。また、小松殿に馳せ参じた兵士らを前に中国の故事を引いた。ここでは道理・情ではなく故事という知の訴えかけであった。この故事という詞の「セット」が説得力を持ったのである。なにもこの故事は重盛の独占するものではない。故事・諺などはむしろ周知のものであるからこそ意味を持つ。人々皆が耳慣れているのである。この耳慣れた話しの改めての訴えかけであるから、これが兵士ら皆の耳には抵抗なく入っていく。そこに故事を引く妙味があるのである。先例・異国の故事の説得力、それは結末がみえていることにある。長期にわたるテレビ時代劇ドラマのように安心して見て、聞いていられるのだ。その意味で故事は展開が予知されている未来記なのである。結果を示している、これは道理ではなく未来事実なのである。重盛の語り・詞・音声は、道理と未来事実と、涙とパフォーマンスを構成し、演示性の巧みさをみせた。

くり返すが、この一連の展開は、詞、口頭の訴えであることに成功がある。川田順造氏は、言述には「情報伝達性と行為遂行性と演戯性という三つの側面がある」（『口頭伝承論』下　平凡社　二〇〇一年　一〇頁）と述べている。川田氏のことばでいうならばこの演戯性がこの場面の重盛において十二分に発揮されたのである。それが皆の心に訴え、状況を変えたのである。なお、川田氏は落語を念頭において演戯性と表現しているが、筆者は演示性と、広義に捉えたい。演戯も演技も演劇も演示に含まれるように思う。そのことばの演示において重盛は成功した。

なお、清盛にしろ重盛にしろ、『平家物語』ではしばしば彼らは屋敷の中門において侍に訴えかける。中門は寝殿造《しんでんづく》りの屋敷では東西の長廊下を切り通して付けた門のことである。屋根はあるが、冠木《かぶき》はないという。そして武家の邸では屋根も冠木もない扉だけの中門もあるという。旗指物《はたさしもの》など軍勢が通行できるようにしているためである。つまり、そこは殿上には上がらず控えている兵らが屯する場であり、ここまで軍勢が入れた場なのであった。後には車寄せ、式台玄関を中門とよんだという。このように打ちそろっている兵に語りかけるステージのような場が中門であった。

しかし、すでに、「訴の場景」の章で、古代での訴の場を承知している我々としては、軍勢の前、これに面するステージとしての中門という意味だけではなく、やはり天と地に通じ、奥と表を区切る境界としての門を問題にせざるを得ない。どこでもいいのではない、境界での演示は天地左右、全方向に向かって訴えかける場であり、逆に自身をもすべてに曝《さら》す位置である。その無防備を示すことで聞くものに安心感を与え、自身の決意をも示し、説得力を増すのである。

名　告

武士が戦場で名告《なのり》をあげることはよく知られていることである。いくつか例をあげて確認しておこう。

堂衆のなかにつゝ井の浄妙明秀は（略）大音声をあげて名のりけるは、日ごろは音にもきゝ、つらん、いまは目にも見給へ、三井寺《みいでら》にはそのかくれなしと名告る（巻四「橋合戦」）。

馬筏をつくり見事宇治川を渡った足利又太郎忠綱は、

あぶみふばりたちあがり、大音声あげてなのりけるは、とをくは音にもきゝ、ちかくは目にもみ給へ、……

と俵藤太秀郷以来の由緒を述べて、平等院に攻め入った（巻四「宮御最後」）。

円満院大輔源覚、

いまは宮もはるかにのびさせ給ぬらんとやおもひける、大太刀・大長刀左右にもて、敵のなかうちやぶり、宇治河へとんでいり、物の具一もすてず、水の底くぐつて、むかへの岸にわたりつき、たかきところにのぼりあがり、大音声をあげて、いかに平家の君達《きんだち》、これまでは御大事かよう、とて三井寺へこそかへりけれ（巻四「宮御最後」）。

敵に出会い、名告をあげて戦うのは武士の戦の作法であり、後の戦功の確認ともなる。武勇の誉れの高い武士であればこの名告だけで敵は震え上がるかもしれない。また、求めていた仇敵《きゅうてき》に出会えるかもしれない。弓矢・武器のぶつかり合う音の中で名告は響き渡るのである。そして、人々は騒音の中でしっかりとこの名告を聞き分けているのである。

こうした名告や詞戦いの敵の詞を封ずるものに「鬨《とき》をつくる」ことがあったようである。

寿永二年（一一八三）木曾義仲《きそよしなか》は院御所法住寺《ほうじゅうじ》殿を攻める、西門に押し寄せると、鼓《つつみ》判官知康《ほうかんともやす》が軍の行事を請けたまわっていて、「御所の西の築垣《ついがき》の上にのぼて立たりけるが、片手にはほこをもち、片手には金剛鈴をもて、金剛鈴を打振々々、時々は舞おりもありけり、若き公卿殿上人『風情なし、知康には天狗ついたり』とぞわらはれける。大音声をあげて『むかしは宣旨《せんじ》をむかてよみければ、枯れたる草木も花さきみとなり、悪鬼悪神も随ひけり、末代ならむがらに、いかんが十善帝王にむかひまいらせて弓をばひくべき、汝等がはなたん矢は、返つて身にあたるべし、ぬかむ太刀は身をきるべし』などとの、しりければ、木曾『さないはせそ』とて、時をどとつくる」（巻八「法住寺合戦の事」）。敵の罵り・詞戦いに対抗するためというよりは、これをかき消して封じた、といった方がよい。「天も響き大地もゆるぐ程に、時をぞ三ケ度つくりける」（巻八「法住寺合戦の事」）行為は味方を鼓舞《こぶ》するが、敵の詞の力を封ずる、声の対抗策でもあった。

名告と笑い

名告も間が抜けると笑いの対象となる。

寿永三年（一一八四）正月、源　範頼《みなもとののりより》・義経《よしつね》は木曾義仲を追って上洛しようと宇治川にさしかかる。頼朝より生食《いけずき》という名馬を与えられた佐々木信綱《ささきのぶつな》は争う梶原源太景季《かじわらげんたかげすえ》に競り勝って、先陣をきる、そこで「佐々木、大音声を揚げて、『宇多天皇に九代の後胤、近江国の住人、佐々木三郎秀義が四男、佐々木四郎高綱、宇治川の先陣ぞや、我とおもはん人々は高綱にくめや』とおめいてかく」、一方、大串《おおくし》次郎《じろう》は川の流れに馬を流されたところを、烏帽子親《えぼしおや》の畠山次郎重忠《はたけやまじろうしげただ》に支えられ、岸に投げ上げられた、次郎は「なげあげられ、たゞなをつて、『武蔵国の住人大串次郎重親、宇治川かちたちの先陣ぞや』とぞ名のつたる、敵も御方《みかた》もこれをきいて一度にどつとわらひける」（巻九「宇治川事」）。

この笑いはなにか。それは、人に助けられつつ先陣の名告をあげた滑稽さにあった。先陣とは自力で達成してこそ価値があり、名誉となる。そもそも先陣はすでに佐々木信綱が切っていた。馬上で渡河し、その栄誉を得ていたのである。次郎は馬での渡河を失敗しての「徒歩での先陣」であった。しかも畠山に投げ上げられて。そして、名告。このアンバランスのもたらす笑いは嘲笑といっていい。戦場での名告、それは軍《いくさ》の場という舞台での演示に値する。場に則した演示の見事さがあって観客は賞賛し納得を得る。それがなければ、その舞台を崩し、笑いを誘ってしまうのである。詞は演示・演戯であり、場との調和が問題であった。

笑うといえば、木曾の重臣樋口次郎兼光《ひぐちじろうかねみつ》の家臣茅野《ちの》太郎の口上も笑われた。義仲の死亡を聞かされた兼光は、河内《かわち》方面から再び上洛しようと鳥羽から四塚（羅生門跡《らしようもん》）へ向かい、敵の勢に「大音声をあげて『此御中に甲斐《かい》の一条次郎殿の御手の人や在ます』ととひければ、『あながち一条次郎殿の手でいくさをばするか、誰にもあへかし』とて、どつとわらふ」（巻九「樋口被討罰」）、とあるように敵に笑われてしまう。その後、縁者に自分の死に様を子供に伝えてもらうためだ、と申して討ち死にする。しかし、当初の笑いは、先の大串次郎の場違いなものとは違うはずだ。笑いは、敵中よりの「誰とでも戦え」という詞からわかるように、敗者が相手を選ぶ態度を嘲《あざけ》ることによって生じた。これは場違いからではなく、武勇を競い合う詞戦いなのである。

その後、樋口は同じく木曾重臣の今井の勧めにより児玉党《こだまとう》に降参し、降人《こうにん》となる。この報告を受けた義経は院に奏聞して、許しを請うた。ところが近侍する殿上人・女房らは「木曾が法住寺殿へよせて時をつくり、君をもなやましまいらせ、火をかけておほくの人々をほろぼしうしなひしには、あそこにもこゝにも、今井・樋口といふこゑのみこそありしか、是らをなだめられんはくちおしまるべし」と面々が申したという。そのため院は樋口らを死罪と決めたのである。騒然としているかに思える合戦の場の名告、その声は相手に確実に届き聞かれており、存在証明となる。それは戦功の証にもなれば、恨みを買う根拠ともなった。

先に、名告が場違い、粗忽《そこつ》であれば敵味方に嘲笑されることを述べた。つまり名告ればかならず敵が礼をもって対するとは限らないのである。寿永三年（一一八四）二月、源範頼・義経軍は一の谷の平家を攻めた。この中で熊谷次郎直実《くまがいじろうなおざね》は子の小次郎直家とともに夜陰にまぎれ、夜明け前に平家の陣に迫った。同じように先陣を狙う味方を出し抜くために「いざなのらう、とて、かいだてのきはにあゆませより、大音声をあげて、『武蔵国住人、熊谷次郎直実、子息小次郎直家、一の谷先陣ぞや』とぞ名のつたる。平家の方には『よし音なせそ、敵に馬の足をつから（疲）かさせよ、矢だねをゐつくさせよ』とて、あひしらふものもなかりけり」という対応であった。詞での戦いは〝無視〟することも含まれるのである。熊谷は「しののめやうやうあけ行く」ころに、「以前なのつたる武蔵国住人、熊谷次郎直実、子息小次郎直家、一の谷先陣ぞや、われとおもはん平家のさぶらひどもは直実におちあへや、おちあへや」と再び名告らなければならなかった。これには平家も木戸を開いて攻め寄せた。

詞戦いと戦いの正当性

詞戦いとして藤木久志氏によってすでに紹介されている事例にも触れておこう（『戦国の作法』平凡社選書　一九八七年）。同じく寿永三年（一一八四）、屋島《やしま》に逃げた平家を追って義経は大音声をあげて「一院の御使ひ、検非違使《けびいし》五位尉源義経、となのる」。次いで田代信綱《たしろのぶつな》以下が名告をあげる。平家方は矢を射るが、越中次郎兵衛盛嗣《もりつぐ》は船の上に立って、大音声をあげていった。

盛嗣「名のられつるとは聞つれども、海上はるかにへだたつて、其の仮名実名分明ならず、けふの源氏の大将軍は誰人でおはしますぞ」

伊勢三郎義盛が答へて、「こともおろかや、清和天皇十代の御末、鎌倉殿の御弟九郎太夫判官殿ぞかし」

盛嗣「さる事あり、一とせ平治の合戦に、父うたれてみなし子にてありしが、鞍馬《くらま》の児《ちご》して、後にはこがね商人の所従になり、粮料《ろうりょう》せをうて奥州へおちまどひし小冠者が事か」

義盛「舌のやはらかなるまゝに、君の御事な申そ、さてわ人どもは砺浪山《となみやま》のいくさにをいおとされ、からき命いきて北陸道にさまよひ、乞食してなく〳〵京へのぼつたりし物か」

盛嗣「君の御恩にあきみちて、なんの不足にか乞食をばすべき、さいふわ人どもこそ、伊勢の鈴鹿山《すずかやま》にてやまだち（山賊）して妻子をもやしなひ、我身もすぐるとはき、しか」
金子十郎家忠「無益の殿原《とのばら》の雑言かな、われも人も虚言《そらごと》いひつけて雑言せんには、誰かはおとるべき、去年の春、一の谷で、武蔵・相模の若殿原の手なみの程は見てん物を」

といって、弟の与一はたちまち十二束二ぶせの矢を射て、盛嗣の鎧の胸板の裏に通るほどまで矢が立った、とある（巻十一「嗣信最期事」）。

すでに詞戦いとして知られている事例で、これをきっかけとして合戦が始まるとされている。注目したいのはこの詞戦いの展開である。内容は明らかに相手をさげすみ、軽蔑・嘲弄するものである。稚児、所従に対し、乞食、山立ち、これらはえげつないほど汚い詞の応酬で、要するに悪口である。詞戦いには自己の正当性を主張し、戦争の大義を自らの旗の上に輝かせようとするものもあるが、そしてその場合はしばしば演説となるが、この場での詞のやり取りはそうではない。賤しい詞を投げつけるという悪口の合戦であった。これは相互の怒りの激情を醸し、軍の潮合《しおあい》を高めることになると同時に、悪口の相手への戦の正当性を得るという意味を持つのではないか。なぜなら、悪口は罪とする観念があるからである。そもそも「正当性」とは自らを被害者に描くところにある。戦争の大義ではなく、この場の合戦、当座の喧嘩の正当性を得るのである。

森敦氏の「わが人生の旅」の中で次のような文章に出会った。氏の子供時代、京城での光景である。「向かいあった二人は血気の朝鮮人である。しかし、ぼくははじめは喧嘩とは思わなかった。二人はまわりの群衆に向かって堂々と弁じていた。おのおの自分がなんのために、戦わなければならぬかを述べているらしい。まわりの群衆の中からもさまざまな声が起こっていたが、二人はやおらまっ白なツルマギ（上衣）を脱いで、丁寧に畳んで傍に置き、ほんとうの喧嘩になった。それがまた互いに血を流すほど凄まじいのである。喧嘩をするのになぜ弁じなければならぬのか。相手がツルマギを脱いで畳んでいる隙に、なぜ撲り倒さぬのか。子供心に不思議に思って父に訊くと、父はそれは日本人のやることだ。いや、日本人でもむかしは、戦うからには名のりを上げ、大義名分を立てて戦ったものだ、と言った」（『森敦全集』五巻　筑摩書房　一九九三年）。

聞き逃げ

聞き逃げの例も挙げておこう。

治承四年（一一八〇）一〇月二四日、頼朝軍は駿河富士川において平家軍と対峙した。「夜半ハカリニ、富士ノ沼ニ群居タリケル水鳥ノ、イクラ共ナク有ケルカ、源氏ノ兵共ノ物具ノサヽメク音、馬ノ啼声《なきごえ》ナトニ驚テ、立ケル羽音ノヲヒタヽシカリケルニ驚テ、源氏ノ近付テ鬨《とき》ヲ造ルソト心得テ、スハヤ敵ノ寄タルハト云程コソ有ケレ」平家は大将軍をはじめ皆が逃げ出した。

都の人々は「見逃ト云事ハ昔ヨリ申伝タリ、其タニモ心憂カルヘシ、是ハ聞逃也」と平家の臆病風《おくびようかぜ》と逃げ足の速さを「京中ノ上下安キ口ニハサ、ヤキケリ」と笑い歎いたのであった。表立ってはいえない口惜しさがあるが「天ニハ口ナシ人ヲ以テイハセヨト云」とささやきあった（「参考源平盛衰記」巻二三『改訂史籍集覧』）。

この有名な事件は実に音・声に関係が深い。水鳥の羽音を鬨の声に聞き違えた滑稽は京の人々のように笑い歎いてよいが、音を声に聞くことは、それほど不思議ではない。音や声が聞こえるのは自然現象のようでいて、決してそうではない。人間はざわめきの中でも特定の人の声を聞こうとすれば聞き分けられるのである。マイクを使い拡声器をとおした大きな声でも、注意していなければ単なる雑音として聞き逃すのである。まして、「昨日実盛カ申ツル様ニ、如白本八坂本云、源氏ハ夜討好ト聞ニ合セテ寄タルニコソ云々」という話を聞いていたからには、なおさら音を夜討に聞く傾向は避けがたかったに相違ない。失態といってもよいがそれではすまない。音―声の人々の脳・心への響きは文字で記したような確定した音節とは限らない。心境によってどのようにでも変化し、広がり、展開するのである。それは、噂を止める遮蔽物がありえない状況に似ているかもしれない。心に広がる波紋でもあろう。それが外に向かって口から「噂」として出され、憶測に憶測の波紋がぶつかり干渉しつつ広がれば、行動としてはどうしようもない混乱をきたす。軍隊といえども群衆化するのである。

こうした行動の評価がまた口から口を継ぎ京の中を駆け巡る。そして、その匿名性は「天」の声と解釈され、合理化されるのである。こうなるとさすがの平家も口封じはかなわない。

高　声

寛正六年（一四六五）、堅田《かただ》の正珍《しょうちん》が蓮如《れんにょ》と間違えられて、山門の衆徒と悪党に襲われる事件が起こる中で、門徒側は蓮如を東山定法院に逃がしかくまう。この報が伝えられるや、諸方の一向宗《いっこうしゅう》が警護に馳せ向かった。四宮《しのみや》から粟田口《あわたぐち》に向かうこの軍勢をみて、立派な太刀だと町衆が奪おうとするのを、「『チットモ町ヤツ原緩怠致バ、焚松《たいまつ》ヲ手ニ〳〵モテ、町々へ火ヲカケ焼崩、煙ノ下ニテ合戦シ、討死ニシテハタセヨヤ』ト、東西南北ヲ高声ニ訇《ののし》レバ、町人モ始ハコソ面白サウニ飛廻ツルガ、『ゲニモ火ヲヤカケナン』ト思ヒテ、スクミカヘリテ定《しずまる》ト見エシヲ」（「本福寺跡書」『蓮如　一向一揆』岩波書店　一九九頁)。

この話はおもしろい。一向衆徒は蓮如を警護すべく、京都東山を目指して駆け集まっていた。その軍勢を見て、山賊でもない一般の町衆が、恐れて逃げ隠れるのではなく、かえって軍勢が持つ立派な太刀を奪おうとする、という。ここでは常識的な強者・弱者の観念が逆転する。中世の町衆なるものの性《さが》がわかるのである。そして、それは時代を物語っている。民衆の総盗人とまでは言わないが、藤木久志氏が明らかにした戦場の雑兵《ぞうひょう》を思い起こさせるのである(『雑兵たちの戦場』朝日新聞社　二〇〇五年)。

そして、この獲物を狙う獣のように眼の色の変わった町衆を追いはらったのは、高声であった。「町の衆が邪魔だてしたら松明で町に火をつけ、火中で合戦をして討ちはたしてしまえ」と怒鳴りあった。町衆もさすがに「本当に火をつけられかねない」として、これには恐れ竦《すく》みかえった。いわば声の力が雑兵魂に勝ったのである。

声の力―叫ぶ

歴史のシーンからただちに消えてゆく詞・音声を、文字の世界から追いかけるのはなかなか困難である。そうした状況をいくつかの断片的な記述から拾い上げていこう。

建仁元年(一二〇一)四月のことである。場所は大和《やまと》の国である。

尼真妙《しんみよう》は、この一両年、水損・干損で作人が東大寺花厳会《けごんえ》饗料米を納めるのに困っており、ついては寺使・官使を下向させて検分してほしいと申請した。そこで官使・寺使がやってきた。ところが「近日　悉《ことごとく》以病悩数輩之間、各閉戸他行、越三四町所居住也」という状況であったのを、使は逃げ隠れたと勘違いし、近隣の小屋の乗馬以下を奪い取ろうとした、という。この時、「在地人等各揚音加制止」て乗馬等を奪い返したという。ここで注目したいのは「音を揚げて制止した」場景である。馬が奪われそうになった、そこで声を上げてこれを制止しようとする、これは自然の防御体制である。想像できるシーンである。「何をするか、盗人め」とでも言ったか。

しかし、記述は声ではなく、「音」とある。また、制止したのは各とあるから複数である。後でこの様子を別の証言で確認するが、ここからでも複数の人々が声を掛け合っている状況が想定できる。音を揚げるとは事態を周りに告げ知らせる様子の表現で、いわば「警鐘をならす」に通ずる事件の騒音化、顕在化なのである。

また、話は変わるが、何人かが病気に罹って、三、四町はなれた別の家に住んでいる、というのもおもしろい。当時の疫病対策が知られるからである。隔離という考え方でもあるし、家を複数持つことの意味合いも考えさせるものがある（尼真妙陳状案　内閣文庫所蔵大和国古文書『鎌倉遺文』一二〇五)。

東大寺三綱等の言い分

尼真妙の言い分は事実を捻じ曲げている。官使・寺使が尼の家に行ったのは一三日であった。家は留守であったが、前庭に乗馬が一匹あり、皮《かわ》古《こ》一《いち》合《ごう》を取り出し置いている馬口付の夫童がいた。官使を見て馬を引き出そうとしていたので、官使は、

「おまえは誰か知らないが、無人の家から馬を引き出している。後でこの馬の事を聞かれたら官使として答えようがないので、あとで主人と共に引き取りに来い、その時に渡す」

と馬を引いて行こうとしていると、尼の子息の親時が帯刀《たいとう》の輩数十人を引き連れて来て、

「官使はしばらく手に掛けるな、寺使は生き方ないように陵轢《りょうりゃく》すべし」

と散々に陵轢、蹂躙《じゅうりん》され寺使国近丸は死にそうになった。官使はこれを見て、

「寺使を陵轢するのは、官使を打つに等しい、いまだにこれほどの災禍にあったことはない、以っての外だ」

今度は官使にも向かってきたので「官使揚声逃脱已」であった（東大寺三綱等申状案『鎌倉遺文』一二〇六）。

図6　作事場に働く工人たち（『石山寺縁起絵巻』石山寺所蔵）

もちろんここでの興味は官使が声を挙げて逃げたことである。しかし、先の証言との違いをいえば、片や音であり、片や声であった。これはすでに述べたように、官使単数であれば声であり、在地人等複数であれば音になる、ということであろう。〝たすけて〟という声も、多くの人々がそれぞれに叫ぶことになれば、聞き取りにくく雑音になる、という状況の反映であろう。いや、現場では叫びあっても聴取でき、判別できたのであろうが、文字には表現できない、というのが実際であろうか。

真妙はさらに証言していた。

「何で凌轢に及ぶなどということがありましょうか。御使が下向されるというのは、こちらとしては本意ではありませんが、しかし、酒肴でもてなしたではありませんか、そしてお喜びになっていたではありませんか」

官使は言う。

「十三日は終日大雨でありました。向かう所は奈良から一日くらいの道のりでした。鼻をなめて下向するは官使の習いで、まったく食料も持ちません、ですから到着先では飢えているのが通例です。ところが米一粒も与えられず、ねぎらいの詞もなく、官使二人・火長《かちょう》二人・寺使二人、従者各一人、都合十余人、疲れて果てて行き着けば、わずかに酒一瓶でありました、その上で凌轢され放言され、魂魄は死んだもののようで、酒は一滴も飲まず、夜にまぎれて、長途のがれ、涙を流しながら帰った次第です」

火長とは衛門府《えもんふ》の衛士《えじ》で、ここではガードマンである。さて、この両者の証言、どちらを信用するか。争いごとでは自己の行動を弁護・正当化するのが常であるから、真偽の判断は全くといっていいほど無理である。しかし、証言で興味深いのはその具体性である。当日の気候、人数、距離まで嘘を言うかどうか。真実性が含まれていることは認めていいのではないか。その中で、本書の興味からいうと、「無一言之芳心」・「放言」の言葉である。「芳心」、ここではねぎらいの心と訳しておきたい。その一言もないことが使者の期待を裏切っている。「放言」が使を苦しめ傷つけている。それは間違いない。尼真妙の息子らの乱暴が事実かどうかはともかく、その失神させるほどの暴力がなくとも使等は詞の暴力によって、確実に痛めつけられていたのである。詞に痛めつけられ、声を挙げて逃げ惑う。詞の具体的な力が発現されたシーンとしてみておきたい（右同）。

助けを呼ぶ声

文保元年（一三一七）葛川《かつらがわ》常住幷住人等申状案（葛川明王院文書一八号）より、山賊事件を紹介しよう。

伊香立《いかだち》庄百姓等（略）、致二山賊盗取一、葛川住人等若干所持物之□公事物等畢、希代悪行備右也、（略）且山賊之由就二相呼一自二南庄一出合輩少々在レ之、被レ相レ尋二彼住人等一者、不レ可レ有二其隠一歟、（略）

去月一一月二二日、伊香立の山中において葛川の住人が伊香立荘の「百姓等亀王神主兵衛入道辻黒次郎以下悪党人等数十人」等に所持物を奪われたという。その時「さんぞく」とでも相呼ばわったので、南荘から出て来た人々が何人かいた、という。事件の顚末からすれば、所持物は盗まれてしまったようで、「さんぞく」との叫びで出合った人々と、この山賊を捕らえるというところまではいかなかった。しかし、その山賊の顔を見知っていたのであろう、出て来た人々が名前を証言した。葛川住人の叫んだタイミングはわからないが、山賊が逃げ去った直後だったのかもしれない。しかし、少々とはいえ人々は出合った。叫びに応えて出合う、この関係は当然なことではあるが、実際の助けを呼ぶシステムとして成立していた。

明応六年（一四九七）六月六日のことである。向井之助三郎という伯楽《ばくろう》が牛を牽《ひ》いて、大和宇智《うち》郡へ来たところ、寛興寺新次郎という者が観心寺領内石見川辺土にて山盗をおこない、牛と伯楽を刃傷し、牛を追落した。そこで、伯楽は、「とうぞく」と呼ばわった。そうすると郷人が出合って犯人を逮捕した。時代劇映画の一場面のような出来事である。ここではこうした大音声を挙げての叫びが有効であったことを確認しておきたい。そして、声を挙げ叫ぶ→応えて出合う、というあまりにも当然すぎる人の交流が山道において展開されていた状況を改めて認識しておきたい。いうまでもなく、今のように車やテレビの機械音の騒音はない。叫び声は空気をつんざき、人々の耳に異常を知らせたに違いない（観心寺文書五七四号）。

狂言「地蔵舞」にも助けを呼ぶ声が記録されている。

宿を断られた旅僧が、何とか宿を借りようと策を練って、笠だけ主人に預け、後に「笠の下は某がまま」と屋敷内に入り込んでしまうという興味深い話がある。僧が入り込んだことを知らない主人は、表の座敷にいる人影を盗人と勘違いし「出合え、出合え、出合え」と叫ぶ。盗賊・不審者への対応は、「出合え」と叫んで不特定の人々を呼び集め、合《ごう》力《りき》を頼むのが通例で、システム化していることがここでも確認できる。「たすけて」の声を聞いた者は、聞いたならば出合うのが通例となっていたのだろう。助け合いのシステムである（『狂言集』下　岩波書店　一九七一年）。

夜討に関して

年未詳であるが鎌倉中期と思われる某基重《もとしげ》言上状がある。遠江《とおとうみ》国二宮《にのみや》領於保郷地頭代四郎左衛門尉基景《もとかげ》とその妹婿景光《かげみつ》が基重の父親賢意《けんい》と預所覚円《かくえん》以下を殺害し、政所《まんどころ》に放火したというものであった。その中で「夜討《ようち》之程、云炎上之間、雖及数尅、荘官百姓一人毛不合声、不□□也、是則兼令存知基景之企歟」と述べている。夜討であり政所が炎上しているのであるから、荘民が誰も気がつかないはずはない。気づけば〝声を挙げて〟――「出合え」であろうか――叫ぶはずである。それを「一人毛不レ合レ声」というのだから、これは事前に夜討を承知していたはずである、という。おそらくそうであろう、突発の事件があれば「出合え」と叫ぶのが当時の習い、自然な行動なのである。しかも、それは誰か一人が叫べばおしまい、というものではなく、声を合わせるのである。聞きつけた者がまた「出合え」と叫ぶ、これがまた誰かによって連呼される。声が重なり響くのである。それは非常時の鐘に比せられるような警鐘《けいしょう》であり、たとえば、犬の遠吠えの連鎖のように、夜空に鳴り響くものであったはずである。この文脈からは、先に述べたように、叫ぶ方も、叫ばれた不特定な者も、ともに出合・合力は慣習的な義務と化していることを推測させる（蓬左文庫所蔵金沢文庫本『斉民要術』巻十・九紙背文書『鎌倉遺文』一一六〇四）。

声・詞の礼

名畑崇氏は中世における音の秩序について明らかにされた。以下、氏の論稿から紹介しよう。

永仁二年（一二九四）千種有房《ちぐさありふさ》の著した歌論書『野守鏡《のもりのかがみ》』によれば「住蓮《じゅうれん》や安楽《あんらく》のとなえた念仏を『亡国の声』と批難し、また一遍《いっぺん》の踊り念仏を『狂人』『外道《げどう》』と呼ぶ。踊躍歓喜《ようやくかんき》ということを取り違え、頭を振り足を上げて踊る。真心即浄土とは、正直でいつわらぬことだとして、裸になってかくさず、憎く思う人をはばかりもなく放言する。こうして、一遍の念仏は礼にそむき、住蓮・安楽の念仏は楽をやぶる、とみなされる」。さらに、『管弦音義《かんげんおんぎ》』をあわせれば、以下のような聖と俗、正統と異端に分けられるという。

聖の音（声）＝如来の音声・引声念仏（宝池の波音）法照・法華懺法《ほっけせんぼう》（山風・瀧の音）慈《じ》

覚《かく》＝正統の音（声）楽・安・和・雅・正・吉・理世済民《りせいさいみん》・治世

俗の音（声）＝外道の音声・専修念仏（聚落の音・悲喜）住蓮安楽・踊り念仏（狂人）一遍＝異端の音（声）怨・怒・哀・淫・邪・凶・鄭衛《ていえい》・桑間濮上《そうかんぼくじょう》・亡国

（「中世における音の聖と俗」『大谷大学史学論究』一号　一九八七年）

この指摘には、当時の権門仏教者の秩序認識というか、美意識がうかがい知れる。これは国家の正統な秩序意識としても間違いではないであろう。逆に、民衆的な猥雑な音声のイメージも髣髴《ほうふつ》とさせ、異端といえども、踊り念仏が庶民に広まっていったこと、しかも都市的な場で受け入れられたことが納得できるような気がする。

合唱のように声を合わせることが人々の心をつなぐ上で重要なことはいうまでもない。仏教では和讃《わさん》ということになるが、蓮如はこの意義を俗の世界にも見出していたらしい。越前山元派《えちぜんやまもとは》証誠寺《しょうじょうじ》に伝わる『為本記』によると「祖師聖人北国流行シ玉フトキ」「船人大勢アツマリテ。声ヲソロエテウタフ舟歌ヲ聞セラレ、ア、ラ面白ヤト感シ玉ヒ」「馬方馬ノ綱ヲヒキ、歌テ通ルコヘヲキカセラレ、サテモヤサシキコワネヤト感し玉フ、マコトニウタフモ舞モ、法ノ声ヘ打モ控モ、阿吽《あうん》ヲ不離レトアレハ、真言ノ言談・口説、皆是真言ト云シヒモ、思ヒシラレタルコトニアラスヤ」と述べたとしている。

以上のように、声に関わって、中世の人々はさまざまな論評を加えている。これも同時代の社会批評になるわけで、その事例をあげて、時代相を確認しておきたい。

「十四の御許《おもと》の夫は不調白物《はくもつ》の第一なり、高事《ことたこう》して叫び、自身を嘆《ほ》め、短弱にして他の上を誇る。高声《こうしょう》にして、即ち放逸《ほういつ》なり、多言にして即ち豊顔なり、食歎にして、味を嗜《たしな》み、貪欲《どんよく》にして物を要す、笑みを好んで常に歯を露す、戯れを愛して早く面に暴る、好むところは謀計、横法、立てる所は博奕《ばくち》、窃盗、父母に不孝、兄弟に不和なり」とあり、高声で話すことは下品なこととされている。また、多言や歯を出して笑うこと、すぐに表情に表すこともしれものとされている（古典文庫『新猿楽記《しんさるがくき》　雲州消息』現代思潮社　一九八二年）。

頼朝は建久三年（一一九二）征夷大将軍に任じられた。御使は左史生《さししょう》中原康定《やすさだ》で、頼朝は鶴岡若宮八幡宮《つるがおかわかみやはちまんぐう》にこれを迎えた。『平家物語』はこの時の頼朝の様子を「うへには高麗《こうらい》縁《べり》の畳をしき、御簾《みす》をたかくあげさせ、兵衛佐どの出でられたり、法衣《ほうえ》に立烏帽子《たてえぼし》也、皃《かんばせ》大に、せいひきかりけり、容貌優美にして、言語分明也」と評し、いわゆる容姿とともに詞の明断さを評価している（巻八「征夷将軍の院宣の事」）。

弘安元年（一二七八）の奈良興福寺の寺内の定書の中に、

春日社条々制事

（略）

一三方神人等、於宝前高声雑談等、狼藉至也、堅可令禁事

（略）

とある（「中臣祐賢記弘安元年六月五日条」『鎌倉遺文』一三〇七四）。お寺さんだからといえばそれまでだが、礼が厳しい。宝前、すなわち神・仏の前で神人等が高声で雑談をするのを禁止するという。寺院・宝前としての静寂さを保たなくていけないことが聖域の要件といえよう。ここでは神人としているが、僧侶も同様であるが、そのような礼を失する者は居ないということか。俗と聖とをはっきり区別した定なのであろう。

問題は雑談よりも高声にあるだろう。前節でみたように越訴《おっそ》が高声を要請していることとはまったく逆である。高声は俗であり、非常であるのである。それでは微音ならばいいのかというとそうでもないらしい。何事も時と場である。

大名家中で

文禄五年（一五九六）一一月一五日付の「長宗我部氏掟書」近習《きんじゅう》輩条々に次のようにある（『中世法制史料集』三巻　岩波書店　一九六五年）。

（前略）

一　僧俗共出仕之輩并従二諸方一飛脚、其外告来事之言上相憑《たのむ》時、不レ延二其時一、速可二中次一事（第五条）

一　客来対面之座、并集会評定、其外公界事、於二人前一私雑談、さゝやきこと、曾以禁制事（第六条）

（略）

第五条は、使者・手紙の到来、さらに「告来事」とは密告を想定してよいか、こうした使者がきたらすぐに取り次ぎなさい、という意である。

第六条は来客・会議・儀式など公の場での礼の規定である。私の雑談・ささやきの禁止、いまでも通用する規定である。文意であるが、公な場と人前では私的な雑談以下が禁止なのである。公の場での私の規制は、礼として当然であろう。しかし、本書の関心からすれば、それは常識と流せない。「雑談・ささやき」のもつ力が問題ではないのか。公＝すなわちオーソライズドされたもの以外の情報、不特定の情報＝噂の怖さである。噂は公の秩序を乱す。秩序に制御されえない得体の知れない、それでいて息の根を止めることのできない生き物として自己増殖していく。この怖さが礼以上に問題なのだと思う。制御できない浮説は発生源で断つ。それが常道であろう。ささやきは高声に比べれば微音である。礼に適《かな》いそうである。しかし、噂の根だ。これも時と場合、公の場ではゆるされないのである。

一　追従、虚言、讒言、私讒《しざん》、中言人事、不レ問事を気色不レ計云出、毎事自慢仕、狂言、綺語《きご》、異形之出立、此外異相之取沙汰、悉以制止之事（第一一条）

一　於二貴人前一者不レ及レ云、惣而於二人前一乍レ立物を云、ぬきいれ手、高声、かすはき、いねふり、戸障子《しょうじ》ならし、わけなく笑、高鼻ひる事、如レ此類、皆以堅禁止事（第一二条）

第一一条の追従以下の規定は、起こりがちなトラブルの原因の禁止であるが、いずれも詞、口は災いのもとである。いかに詞の力は大きいかを確認するものでもあるし、これらが頻繁に喧嘩等の原因になっていたことを示している。しかし、悪口についての規定は、これにはなく、掟＝家臣掟に収められ、式目＝貞永式目《じょうえいしきもく》に準ずるとされている。悪口とは武士身分でのみ問題になることがらなのであろうか。山本幸司氏は悪口の特性として相手に恥辱を与えることが大きいと指摘しているが、とすればやはり身分ある者にとっての悪口＝侮辱であり、身分の低い者にとっては悪口ではなく、ここで記したような具体的な詞の品の悪さなのである。異形・異類は悪党の姿として知られている。いつの世にも世間とは異なる姿の者たちがいるもので、公序良俗の名目で自らの文化を普遍化しようとする権力者には統制の対象となるのである。

それにしても、一二条のこの具体的な記述は彼らの姿を髣髴《ほうふつ》とさせるものとしておもしろい。

同じように「中間小者可相守条々」第六条にも、

一　不レ入事ニ、高声、雑談、さゝやき、わらひ、ぬき入手、たかはな、かすはき、うたひ、此外下人ニ不二似相一事、悉停止事

がある。高声はやはり下品とされ、雑談・ささやきは同じく浮説の根、笑いは先の歯を出すことを意味して下品なのであろう。ぬき入れ手は懐手《ふところで》のこと。高鼻は大きな音を立てて鼻をかむこと、粕吐きは痰《たん》や唾《つば》をはくこと、謡は能楽の詞でも謡うのか、もっと俗謡を謡うのか、こうした禁止条項の中に、大音・声にかかわるものが含まれていることに注目しておきたい。やはり、秩序を害するものと判断されているのである。また、逆に、庶民的な人々の日常的な姿が見て取れるのである。

越境的音声

高声と微音について網野善彦氏のまとめがある。氏は「中世の音声には高声と微音があり、微音は王の声であって、高声は復唱者の声である。日本

の場合、口頭・音声の関係が綸旨《りんじ》・院宣《いんぜん》・御教書《みぎょうしょ》の奉書として文書化し、日本社会・国家における文字機能の特質、口頭、音声―無文字世界との関わりを示す」と指摘をする。「王は微音、復唱者は高声で、高声と微音の役割の違い、機能の違いがある。微音は、ささやき、神の声、聖なる声である。貴人は微音で意志を語った」と指摘する。しかし、これまで見たようにそう単純ではなく、時と場、身分によっても意味は異なる。また、高声は、聖なる意志を俗界に伝える境界的な音声であるとする。たしかに神仏の前では高声は忌避され、高声は狼藉であった。ただし、積極的役割もある、越訴の場合は高声である。つまり、高声は二つの意味合いを持つ。これはこれまで見てきた例から納得のいく理解であるが、俗から聖、下から上への意思の伝達も高声であった。その意味でも境界的音声という表現は理解できるが、むしろ越境的というのがベクトルを含んでいて正しいと思う（「『高声』と『微音』」網野他『ことばの文化史』中世1　平凡社　一九八八年）。

詞の民俗

声に秩序があるとすれば、必ず乱調もある。すなわち、あえてその礼を破ろうとすることがある。しかし、この乱調も時空を定められているとすれば、これはもう秩序そのものであるが、この乱調の時空はくり返し復興され祝祭的に生きつづけるのである。

悪態　祭の神事として祝詞《のりと》が本質的な役割を果たすのはいうまでもない。神を祭り祝福し、唱える詞である。しかし、神を招き人々が共同で供物や歌舞をささげ、供応する全般の過程では、祝詞以外の詞が重要な役割を果たすこともある。特に、前節で礼を失するとされた悪口・悪態がこれに関わるとすれば、興をそそられる。

まず、有名な古典文学の一節から紹介する。

都の祇園殿に、大年の夜けづりかけの神事とて、諸人詣でける。神前のともし火くらふしてたがひに人皃《かお》の見えぬとき、参りの老若男女左右にたちわかれ、悪口のさま〲云がちに、それは〱腹かゝへる事也。「おのれはな、三ケ日の内に餅が喉に詰まつて、鳥部野《とりべの》へ葬礼するわいやい」、「おどれは又、人売の請でな、同罪に粟田口へ馬に乗つて行くわいやい」、「おのれの女房はな、元日に気がちがふて、子を井戸へはめおるぞ」、「おのれはな、火の車でつれにきてな、鬼のかうものになりおるわい」、「おのれの父は町の番太をしたやつじや」、「おのれがかゝは寺の大こくのはてじや」、「おのれが弟はな、衒云《かたりいい》の挟箱《はさみばこ》もちじや」、「おのれの伯母は子おろし屋をしをるわい」（「世間胸算用」巻四『西鶴集』下　岩波書店）

もちろん、この場面はあくまで文学であるが、十分に同時代の資料たりうるものである。これによるとかなりえげつない悪態のやり取りである。死に関わること、相手の身分を落としめ蔑《さげすむ》むこと、当時の社会悪とされたものが列挙されている。奇怪な死、子殺し、人売り、身分の低い従者、堕胎《だたい》。およそ「人に顔が見え」るところでは口には出せない詞である。これは闇であるからこそ言える。

しかし、そこには陰湿さはない。皆がやり取りに参加し、相互に言う役、聞き役になっている。そして大声でどなり、大声で笑う。聴衆であり参加者である。どよめき、手をたたく者もあろう、悪態の妙を批評し合う者もいたであろう、闇の中ではあるが、一種の祝祭の場である。この詞の戦いは、戦いとはいうものの、交歓である。互いに生で口で言い合う、演戯である。詞でこそできる技であり、場面である。

そして、八坂《やさか》神社に着き朮《おけら》の火を縄に移し、持ち帰る時は無言でなければならないという。とすれば悪態は聖火を採る前の一種の祓い、清めなのであろうか。

一方、祇園祭《ぎおんまつり》の時、神輿《みこし》が神社をでて四条《しじょう》寺町のお旅所に参る。祇園の舞妓《まいこ》・芸妓も鴨川を渡り「無言」で七日七夜お旅所の神輿にお参りすると願いがかなうという（無言参り）。八坂神社ではなくわざわざお旅所に参る。ここでは川を渡ることが祓いなのであろうか。

> 大晦日の削り掛け神事、祇園社神前灯燭《とうしょく》の外は、悉《ことごと》く火を滅《めつ》し、暗中に参詣し口恣に、他人の瑕疵《かし》を斥《しゃく》し、仮令《たとい》、その声聞き、その人を知ると雖《いえど》も、これを争わず、これを恨《うら》まず、これ懺悔《ざんげ》の義

と黒川道祐《どうゆう》氏は説明する（「日次記事」『日本庶民生活集成』第23巻）。

〔塩竈《しおがま》のザットナ〕

宮城郡塩竈社の下町、正月の望《もち》の夜この事あり。子供の町々に集まりて、その所の男女老少の差別無く、行跡のよからぬ事を、その者の背門《せど》の辺に来たり、同音に世間の見聞に預かる所歯にきぬきせす言散して、いつく共なく別れ去るなり（『新選陸奥《むつ》風土記』）。

夜の訴は平安時代には禁じられていた。夜陰にまぎれて、その家の裏門で家の者の悪事あるいは秘事を公言する。これは陰湿であるが、俗人の生活世界に及ぼす影響は覿面《てきめん》ではないか。公序良俗を守ろうとする庶民的智恵であろうか。

〔天狗《てんぐ》祭り〕

茨城県西茨城郡岩間町大字泉地区では、旧暦の一一月一四日、飯綱《いいづな》神社より愛宕《あたご》山神社まで山道を一里半登ってゆく祭りがある。特定の地域の人たちが一三の天狗装束で途中の末社を順次参拝し愛宕山神社をお参りするという。天狗祭りという。この宮に供えられたお餅を観衆は拍手の合図とともに奪い合うという。時間は午前一時頃からであるから、丑時であるが、神主を先頭に天狗が社務所を出た時から神主・天狗・観衆とも無言で決して声を出してはならないという。餅を奪い合う際、天狗は竹の杖で人々をたたくが、それでも声は出してはならないのである。一方、見物人たちは宵の口から出かけるが、往来時に互いに「馬鹿やろう、間抜け」という悪口を浴びせ合うという。「殊に其悪口は極端で、其名のとおり悪口上手が幅が利く。初見の人は震い上がる程だそうだ」(『郷土研究』壱巻七号　一九一三年)。しかし、あくまで口頭だけで決して手を出すことはない。腕力を振るうようなことがあると若衆から制裁を受けるという(木内一夫「天狗祭り」『民俗学』四巻一一号　一九三二年)。

悪態祭りの民俗

こうした祭りの日にかぎって悪口を言い合うものを「悪態祭り」と総称するが、以上に挙げた以外でもこの例は多い。大阪の野崎詣りの道中では徒歩の人と船上の人とが互いに悪口を言い合う。和歌山県有田《ありた》・伊都《いと》郡の山村では正月の御田踊りの前におこなわれる「裸苗」という押し合いの行事に、見物人は悪口雑言を吐く。悪口を言い合うと秋の実りがいいとされている。愛知県奥三河地方の有名な花祭りでは、舞が始まると見物人は舞手や神座《しんざ》に座る人々にさかんに悪口を言う。近年、調査と整備の進んでいる有名な岩手県平泉町の毛越寺《もうつうじ》の延年舞・能では舞う僧侶に見物人が悪態をつくという。やはり、ここでも豊年祈願だという。秋田県平鹿《ひらか》郡大森町八沢木の波宇《はう》志《し》神社の正月五日、五日堂と呼ばれる押し合い行事では、登山中に人々は罵《ののし》りあうという。島根県安来《やすぎ》市清水の清水寺では節分の夜、喧嘩祭りと称し、参詣人は互いに悪口をつき合うという。栃木県足利市大岩の最勝寺の大晦日の悪態祭りも悪口の言い合い、罵倒し合いである。静岡県磐田郡水窪町《みさくぼ》（現、浜松市）の旧正月の西浦田楽では、禰宜《ねぎ》が天狗と問答して言い負かす法がおこなわれる。筑後柳川町に近い南矢ケ部村では旧正月六日・一四日の夜、左義長《さぎちょう》後に子供たちは村境まで松明《たいまつ》行列をおこない、村堺で隣村の悪口を言って帰るという。福島県磐城《いわき》石城郡草野村（現、いわき市）大字上神谷で、正月一四日朝、「悪態吹き」といって、子供たちが他集落の子供たちと対峙して悪口を言い合う（中村康隆「悪口と哄笑」『日本民俗学』一三一号　一九八〇年、『日本民俗大辞典』吉川弘文館）。

このように、悪態祭りは都市・農村にかぎらず全国的に確認されており、おそらく古くはもっと濃密に分布していたに違いない。どこでもある詞戦いの祭りなのである。

参考に海外の例を引いておく。イヌイット社会の歌合戦というものがある。全員が集まる集会で、殺人を除くあらゆる種類の遺恨や紛争について、当事者同士が掛け合い的な歌合戦を、パターン化したやりとりながら即興をまじえ、相手を嘲《あざけ》り中傷するのである。そして、聴衆の拍手喝采でいわば勝敗を決め、その結果に関しては当事者は一切遺恨を残してはならず、否、和解し、プレゼントの交換を要求されるという（山本幸司「恥辱と悪口」『ことばの文化史』中世2　平凡社　一九八八年）。

これらはいずれも公権力とは別な、社会的制裁による裁きである。名誉と恥辱の観念の強い社会であればこそ有効性を持つ。発言者・告発者を匿名化するために闇であったり、変装することはあっても、口頭で「訴」をおこなうところに共通性がある。それは次々と人々の口の端にのぼり、訴えられた当人を人々の眼差しが射、風聞が包囲することになる。この場合、訴人が明らかであれば、その訴は陰湿なものではなく、公明性があって、人々の非難も強いかもしれないが、かえって軽快である。しかし、匿名のものであると、つきまとう不明瞭さが、重くのしかかる。

制裁という意味では以上のようであると思うが、人々の関係という視点でも興味深い祭りである。つまり、日ごろは人間関係の緊張を恐れて、決して口にはできない、しかし、心に思っていること、溜め込んでいるものを、最初に言い放ってしまう。それこそ腹の底を割ってしまうのである。詞の暴力というこの極限を経験してしまえば、相互にそれ以上に警戒することはなくなる。つまり、むしろ平和が訪れるのである。危機を最初に回避してしまい、後は警戒なく付き合うことができるのである。したがって、悪態祭りは地域の「制裁」というよりは、社会の暴力回避、平和実現のイベントなのである。

神・仏への叫び

泰澄《たいちょう》和尚は加賀白山の開祖で、養老元年（七一七）に白山にのぼり妙理大菩薩を感見し、祈禱によって同六年、元正天皇の病を治し、天平九年（七三七）疱瘡《ほうそう》の流行を終息させたという。越《こし》の大徳《だいとく》といわれる（「泰澄和尚伝記」）。その泰澄は白山のふもとで、観念を凝らし、天を呼び、地をたたきて、骨をくだき、肝をほふるに、白山比咩《はくさんひめ》が夢に現れ、東の林泉に招かれ、「日夜放大音声、礼拝念誦《ねんじゅ》」した、という。「訴の場景」の章でも述べたが、やはり神仏へは大きな声を出して祈るのである（川村湊『言霊と他界』講談社学術文庫　二〇〇二年）。

三位入道は渡辺長七唱《となう》をめして、わが頸《くび》うてとの給ひければ、主のいけくびうたん事のかなしさに涙をはら〳〵とながいて、仕《つかまつろう》ともおばえ候はず、（略）（唱は）「まことにもとて西にむかひ高声に十念をとなへ、最後の詞ぞあはれなる」（『平家物語』巻四「宮御最後」）。

平家追討の最初に兵を挙げた源頼政は戦に破れ、自害するとき、唱に首を打つように命じた。唱は泣く泣くこの命に従うが、西に向かって高声に念仏を唱えたという。神仏への願い、それは高声で唱えることであった。

生活の中での叫び―対馬の「おらぶ」声

次のいくつかの例は一種の神仏への訴えといってもよいかもしれない。

また、悪態ではないが、生活の中で叫ぶことがある。

長崎県対馬《つしま》には「おらぶ」という叫声を発する習俗がある。

対馬市厳原《いづはら》町阿連《あれ》の瀬祭りでは地船の競走である「フナグロウ」という行事の際、「海岸沿いの道や埠頭に打ち並んだ村人（多くは女たちであった）が、一斉に甲高い遠音のする叫声をあげ始めたのである。（どうしたわけか女達だけがその叫声を発していた）『ホー』一キロ以上にも及ぶであろうか、海岸沿いの処々に並んだ女たちが、遥か沖合いの船に向かい、持っている手ぬぐいやタオルなどを打ち振りながら口々に叫声を発しているといった様は、まさに壮観ともいうべきものであった」「彼女達の説明によれば、その声は『招く』もしくは『応援する』という意で発せられるということであった」。

同じ阿連、旧暦一一月八日、氏神の大祭がおこなわれる。翌九日に「オヒデリ様」という元山送りの神事がおこなわれる。これは諸神様が出雲に出て留守を守っていてくれたオヒデリ様を元山に送るというものである。行列の先導役が「イザヤ、イザヤ、とのばらや、とのばらを、元山にお送り申す」と大声で「おらぶ」と、続く氏子たちが一斉に「ホー」と「おらぶ」、という。そして、その後二・三日の山止めの期間は「おらん」ではいけないし、大きな音を立ててもいけないという。

対馬の山や峠には一声だけおらび声をあげる「一声おらび」という化け物がすむという。この声には絶対に答えてはいけないという。もし、あやまって答えてしまった場合は、すぐに「千万億兆オーイ」と返答すると、一声おらびに打ち勝つことができるという。

こうした神事や盆踊り・雨乞い踊りに際し、先達《せんだち》や肝煎《きもいり》の声に答え、一同が「ホー」とおらぶのは、対馬市今里・加志《かし》・洲藻《すも》などでもおこなわれたという。

先に、奈良薬師寺領の例で法螺貝《ほらがい》について触れた。対馬では「触れ」という伝達が口頭でおこなわれた。これもおらびである。これは村の公事《くじ》・寄合に際しての「触れ」=伝達の手段である。放送が取り入れられるまでおこなわれたという。多くは肝煎が触役を務めた。例えば阿連の寄合では日暮れ時、三ヵ所に立って肝煎が「ハイ、集まろうぞー、（言訳入る）ホー」と三声ずつおらんだそうである。このやり方は集落によっても異なり、黒不浄（葬儀）・赤不浄（出産）によってもおらび声の回数が異なる。豆酘《つつ》では寄合を「今夜は大町寄りのはずでござる、ボーヒー」とおらぶ。肝煎はおらびが上手くなるように、山中で稽古をしたそうであるが、村人もまたおらびの上手下手を評したようである。声を出すことはどうしても演じ方が問題にされ、演戯・演示性が話題となり、芸能化するようである（村上道宣「おらび声の伝承」岩田慶治『環東シナ海文化の基礎構造に関する研究』昭和五六年度科学研究費補助金総合A研究成果報告書）。

民俗学者宮本常一氏は「触れ」という呼称が対馬・壱岐《いき》・松浦地方の村を意味するとしている（宮本常一『私の日本地図　15　対馬・壱岐』同友館　一九七六年）。だとするならば、「触れ声の聴取主範囲（単なる物理的範囲というのではなく呪術的な意味を含める）が地域社会のまとまりにとって大変重要な問題であったであろうと想われるのである」（村山、前掲論文）。こうした状況を考慮すれば、口頭の音声は地域社会の尺度に擬せられるが、それは全方向に放射、拡散し、消滅しつつ、善悪、好悪、遠近、聖俗、此彼岸《しひがん》の時空の臨界・境界を定めつつ、時に越えていくのである。

捕獲の声

私の子供のころの記憶にもかすかにある、叫び、唱えごとの類に「ホーホー蛍来い、こっちの水は甘いぞ、あっちの水はにーがいぞ」がある。

地方によっていろいろであるらしく、

ホーたるこー玉虫こい、行灯《あんどん》の光を一寸《ちよつと》見て来い

ほーたるこーチンチクロ、あっちの乳は苦いわ、こっちの乳は甘いわ

蛍が遠いと大きな声で、近寄れば小さな声で歌った。歌であるが呼び声である。声にど

のような効果があるかわからないが、歌ったほうが蛍が寄ってきたような気がする、という。

こーもり、こーい、草履《ぞうり》やろ、草履がなけりゃ、草鞋《わらじ》やろ、

捨てられた草鞋を拾って、空に投げ上げると、蝙蝠が翔《かけ》り寄ってきて、まれには草鞋に伏せられ逃げ遅れて落ちるものもあったという。

やんまほー〳〵

小石を紙に包んだものを、女性の長い髪の両端に結び、空中に向かって投げると、蜻蛉《とんぼ》は寄ってきてこれに絡まり落ちるという。掛け声は蜻蛉に聞かせるのか、仲間に聞かせるのか。

おーい、おーい、おーい、おーい

鳥捕りが、鳥を捕るとき、遠方で大きな声で「おーい」と叫び、だんだんと近づくと、声を小さくし、鳥の警戒心を弱めておいて、一度に近寄り、一気に捕るという。この場合の声の策略はよくわかる（川口孫治郎「捕獲と呼声」『郷土研究』壱巻六号　一九一三年）。

都会であった私の故郷では、実際にはあまり虫などの捕獲の成果はなかった。詞遊びとしてのみ存在していたように思う。遊びであり、仲間づくりであったかもしれない。声を

合わせるとは、すなわち心を合わせること、心を通わせることになるからである。したがって、この歌うような掛け声が異なれば、その子は「俺たちの」仲間ではない。大げさにいえば異なる共同体の者ということになる。面子《めんこ》でもベーゴマでも外来者はルールが違っていた。違うルールの場まで出かけるのは遠征であり、勇気のいることであった。

売り声

中世に戻ろう。機械音のすくない中世の町の音に売り声があった。「七十一番職人歌合」（『七十一番職人歌合・新撰狂歌集・古今夷曲集』岩波書店　一九九三年）より紹介しよう。

まず、さけ《（酒）》召せかし、はやりて候うすにごり《（薄濁り）》も候、　酒作り
てしま筵《むしろ》、かうしまへ、御座も候ぞ　筵打ち
百け（笥）も、なからけも、いくらも召せ
いかほどよき　おしろい《（白粉）》が候ぞ　白物売
魚は候、あたらしく候　召せかし　魚売
赤土器《かわらけ》は召すまじきか　かへり足にて安く候ぞ　土器造
じやうり《（草履）》　じやうり　板金剛《いたこんごう》召せ　草履造
粉葉の御茶　召し候へ　一服一銭（茶売り）

おせんじ物〱　　　　　　　　　　　煎じ物売（茶）
豆腐召せ　奈良よりのぼりて候　　　豆腐売
砂糖饅頭　菜饅頭　いづれもよく蒸して候　　調菜
綿召せ〱　しのぶ綿候ぞ　　　　　綿売

一六世紀早々の成立と思われるこの歌合の時期、「うすにごり」酒がはやっていたらしい。現在もビールでも、酒でも、焼酎《しょうちゅう》でも新酒がはやっているが、そんな世相なのか。売れ残りを嫌うのは行商人ばかりではないであろうが、土器売りが帰り足なので割安にする、とは時代を超える商いの常道であった。京都は豆腐の名所のように思っていたが、奈良から売りに来ていたらしい。狂言「合柿《あわせがき》」では伏見《ふしみ》から京へ柿を売りに来ていた。これらの商人はいうまでもなくごく一部である。

京都の町屋、辻に、「めせー、めせー」の売り声が季節ごとに違った色合いを持って、通って行ったのである。

語り物の中の問答

〔蟹《かに》問答〕

ある偉い旅僧が、山の中でみすぼらしい樵《きこり》小屋に行って泊めてくれと頼んだ。家では御泊めできないが、もうすこし先に古寺がある。けれどもそこには

図７　話し込む商売人（『直幹申文絵詞』出光美術館所蔵）

化け物がでるという噂があると教えたが、旅僧はそこに泊まった。真夜中になるとどこからともなく、がたがたと音をさせて大入道が出てきて、自分のだす謎が解けなかったら食ってしまうという。そうして「小足八足、大足二足、色紅にして両眼天に輝くこと日月の如し」となった。旅僧が蟹と答えて、杖で大入道の頭をぴしゃりとはたくと、大入道はまたがたがた音を立てて引き込んで、もう朝まで何も出てこなかった。夜が明けて大入道の逃げた方を探してみると、縁の下に大きな古蟹が一匹死んでいるのが見つかった。それからこの寺には化け物が出ないようになったという（関敬吾『日本昔話集成』第二部本格昔話3）。

〔大工と鬼六〕

ある所にうんと流れの早い川があった。何回橋を架けても流れてしまった。村の人たちもとんと困り果てて相談した結果、大工に頼んでその橋をかけることに決めた。その大工は元気よく承知したが、どうも心配だ。川の淵さつつこぼして流れる水を見ていたら、水の泡からぶつくりと大きな鬼が出た。そうして大工さん何考えているといった。大工が橋を架けねばならぬといったれば、鬼がお前の目玉よこしたら架けてくれるといった。

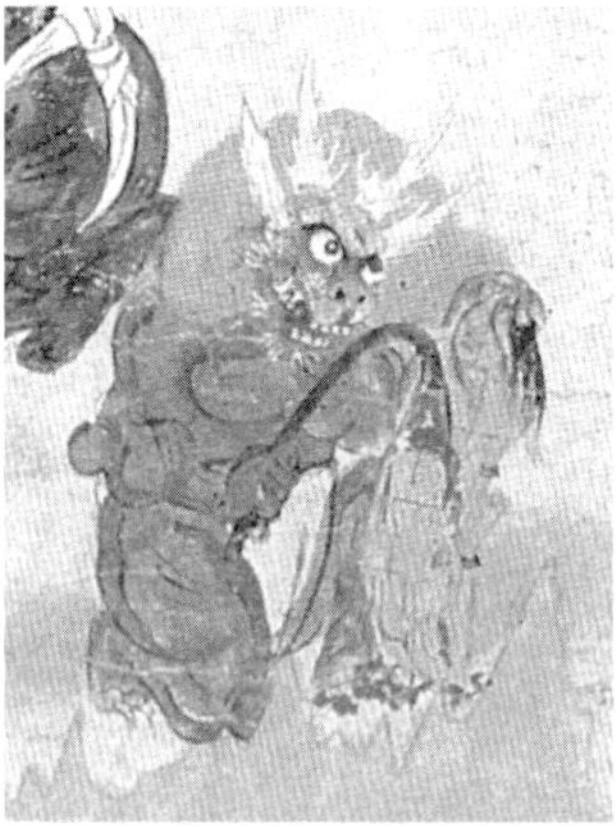

図8　鬼と手斧
（『北野天神縁起絵巻』北野天満宮所蔵）

大工は俺はどうでもよいといって、その日は別れた。次の日に行ってみたら橋が半分かかっており、また次の日行ったれば、ちゃんと橋が出来ていた。鬼が来て目玉よこせといった。大工は驚いて待ってくれといって、あてもなく山さ逃げた。ぶら〳〵山を歩いていたら、遠くの方から細い声で子守唄が聞こえた。「早く鬼

六、まなく玉、持ってこばえいなあ」と聞こえた。大工はその唄を聞いて本性にかえって家に帰った。つぎの日また鬼に逢った。鬼は早く目玉よこせ、もし俺の名前を当てたら、目玉よこさなくてもよいといった。大工はよしといいながら、何のそれといったら、鬼はそうでないと威張った。何それ、そうでもないといいあっていたが、最後に大工は大きな声で「鬼六」と叫んだ。そうしたら鬼はぽっかり消えた。（同右）

問答での勝敗をあつかった話である。話の構造は僧や大工という人間＝この世の者と、大入道や鬼という化け物＝異界の物との会話・問答となっている。これは此岸と彼岸の交流でもあり、あくまで詞によってなされる。僧の場合は最後に形ばかりの暴力もおこなわれたが、異界を超える詞の融通性と威力を示している。

問答で、化け物＝異界のものを言い当てると、勝ち、化け物は消えてしまう。言い当てとは、物の名を言い当てることである。化け物は不明なもの、不可思議なもの、理解不能なものであるからこそ化け物であり、異界のものなのである。その神秘性が「名」を言い当てることによって崩されてしまう。他界のものが、現世界の物に置き換えられた瞬間、威力・魔力は失われるが、具体的には「名」を言うことであった。これは名＝本体とみる思想で、名さえ隠せば、何にでも形を変えることができ、非現実の世界を飛翔できるのだった。考えてみると、先にみた武士の名告《なのり》と同じ思想なのではないか。名告によって他に認知されることを望む。名が知られない、無視されることを恐れる。それの裏返しなのではないか。いずれにしても詞の世界のことで、その場でのやり取り、問答として生き生きしているのである。詞の力を示す話である。この種の問答の結末として、化け物の正体は、日があけて、翌日になってわかることになっている。これは場、シーンの置換なのであり、そこはすでに詞は止んで、死んだ場なのである。

ついで名前の力の話を挙げておこう。

名告の力

堀河《ほりかわ》天皇御在の時、しかのごとく主上よな〱おびへさせ給ふ事ありけり、其時の将軍義家朝臣、南殿の大床に候はれけるが、御悩《ごのう》の剋限におよんで、鳴弦《めいげん》する事三度の後、高声に「前陸奥守源義家」と名のたりければ人々皆身の毛よだて、御悩おこたらせ給ひけり（『平家物語』巻四「鵺《ぬえ》」）。

武勇の名前は名告るだけで相手に畏怖の念をおこさせ、災いを防いだのである。

また、女は許す人にしか名告りはしないという（『大言海』）。女性が相手に名を名告るのはすべてを許すことを意味するという。名と正体は不即不離という名のもつ重み、名告るかどうかが一つの鬩《せめ》ぎ合いであった。

詞の権威

宮本常一氏は話の場における適切な詞の効果について次のようにいう。

村で尊ばれたのは諺《ことわざ》である。土地によってはタトエともよび、テーモンなどともいっている。それは一種の警句として、いう人によって一般の心をうった。村の長老といわれる人は警句がうまかったが、これは大ぜいが心得ていて、それが村の一つの生き方を規定していることが多かった（略）村の寄り合いなどでこうした言葉をたくさん知っているものが、要所要所で要領よくつかうことによって、たいてい意見はまとまっていった。議論が現実からうき上がると『足もとを見て物を言え』とたしなめたものであるが、実に適切な言葉で、たいていはもとの本すじに話がもどったものである。たしかにこうした言葉には権威があった。また人々も権威を感じていた。同時に言葉は行動でもあった。村人の多くの感情も、そういう言葉によって統一せられていたといっていい。しかし、それらの言葉からはみだす感情も人々は持っていた。それが言葉以外の表現となり、泣いたり、わめいたりになったのであろう。つまり村人の多くは言葉を符牒として自らの意志や感情を自由に発表するまえに、むしろ言葉に服従していたといっていい（『庶民の発見』講談社文庫　一一四～一一六頁）

大変含蓄のある話である。なにも村でなくてもいい。都会でも職場でも、先輩の一言が目を見開かせ、あるいは目のうろこを取り払い、人生にまで影響を与えるということはあるものである。こうした永く、多くの人生が教訓となって諺という言説として仕上り、完成してくる。人に感動を与えるという意味では詞の芸術といってもいいかもしれない。

文字のない世界、そして比較的生活が似通っている中世の村の中では、共有する生活感情があって、それを言い当てる詞は皆の気持ちを一つにしたに違いないのである。皆が困った時、寄り合いでお年寄りがその場の課題に相応しい話をする。これほど説得力のある詞はないであろう。それは初めて聞くものには世界の発見であり、思考の理路をあたえてくれる。世の中が見えてくる。そして、村と自分の位置を確認し、誇りを持てるのである。自分と村の歴史はこうして語り継がれるといってもいい。

私はかつて中世社会では古老が社会の上下にわたって日常的には紛争解決に当たっていたこと、そしてもちろんそれは不文律の世界のルールであったことを述べたことがある。したがって、そこでは古老の〝口利き〟が大きな要素を占めていた。今村仁司氏がローウィからまとめ、古老ではないが首長について次のように述べていて相通じるところがある。「首長の機能には三つある。①平和の作り手＝なだめ役である。②自分の財産を気前よく与える義務がある。③よき語り手のみが首長の職務につくことが出来る、彼は言葉だけを持ち強制力をもたないからである」(『抗争する人間』講談社選書メチエ　二〇〇五年)。以上の三つはおそらく古老の機能に通じる。同時に、詞の機能、役割の大きさも示している。

ことばと文書の共生

声から文字へ、耳から文書へ

声から文字へ

幕府は文書主義の訴訟制度を作ったが、審理に際しての問答は口頭でおこなわれた。また、これは幕府にかぎらず朝廷でも荘園本所でもそうであったろう。その様子は必ずしも明らかではないが、幸運にもいくつかの史料が残されているので、それを紹介し、問答の様子を探ってみよう。

酒井紀美氏は「申詞について」（『市大日本史』五号　大阪市立大学日本史学会　二〇〇二年）で、古文書学で申状とされてきた申詞は、申状ではなく問注での訴えとしての詞を、役人側の書き手が黒子に徹してそのままを書き記したもので、それは場を替えて運ぶことが可能であり、また役人によって時空を超えて読まれることによって詞として復活する、と指摘している。したがって、申詞は、耳から文字へ、文字から耳へを体現している文書形式であるということになる。その具体的な事例をあげて、確認しよう。

　大治五年（一一三〇）御装束所《ごしょうぞくどころ》の検校《けんぎょう》の末貞《すえさだ》と同友成《ともなり》の田畠相論である。「問注御装束所検校末貞訴申同検校友成申詞記」と表記される問答の記録である。内容は向野郷内田畠の所有につき、以前に末貞が勝訴した。経過は省略するが、後に友成が訴訟してきた。彼によれば、以前の判決は神裁に任せるとあったが、この間に末貞にその不正を示す「証判」（あかし）が顕れているので、ここで訴訟したという。

　記録は長文であるので省略するが、その進め方や、詞の記し方などを触れておきたい。まず、問注の進め方。公文所役人が、「問㆓友成㆒云」と訴人（原告）友成に質問する。訴の経過と訴因を糺すのである。これに「友成申云」と答える。先に触れたように、末貞の「証判」、舅《しゅうと》・兄・弟の死、乗馬の死などを挙げる。役人は今度は「問㆓末貞㆒云」と、今の友成の述べたことはどうかと聞く、そして「末貞申云」と反論する。末貞は家族親類の死は友成にとっても縁者の死であること、友成も乗馬の際に宇佐川で鞍を落としたことを挙げ、「証判」とはならないと主張する。これを受けて、役人は再び友成に問い、さらに、末貞が反論と、三問三答をおこなうのである。この甲論乙駁の形は現在までにつづく、判事を挟んだ原告、被告のやり取りという、裁判の形式を思わせるもので、その場はある程度イメージできよう。実際には、事前に訴状、陳状という文書でのやり取りがあり、その上での問注の開催であるから、双方とも相手の主張と論拠は大体は承知しているものと思われるが、即答であるからやはりその場での臨機応変が役人の心象へは大きなウエイトを占める。

次に、問注の記録のされ方である。

たとえば、役人の発言は、「請レ被下殊任二道理一裁中下給古作田畠子細上状」「右件田畠、以二去康和年之比一、牛男丸与二末貞一令二相訴申一之処、被レ召二問図師永尋一之間、依陳二申末貞道理一、可レ領二掌末貞一之由、御判給了」とあって、一応漢文表記となっているのである。これに対して、当事者である末貞・友成の発言は、「末貞加子共、其数候とも、指無レ咎、又馬斃事、友成馬も西方より乗候ニ、字佐川ニ鞍下天棄候ハ不レ証候哉」、「末貞ハ水干装束ニ天、御湯殿ニ参上天、清祓仕り」、「神判を蒙と依レ申天、友成ハ窃盗ニハ令レ候也、又末貞か盗人令ハ、証ニ申候ハむと天」とあるように、仮名を送って表記し、現代に通ずる日本語順になっているのである。これは明らかに当事者の発言・証言は「話し言葉をできるだけ忠実に表記」しようとする顕れである。酒井氏の言うように、発言を固定し、時空を超え

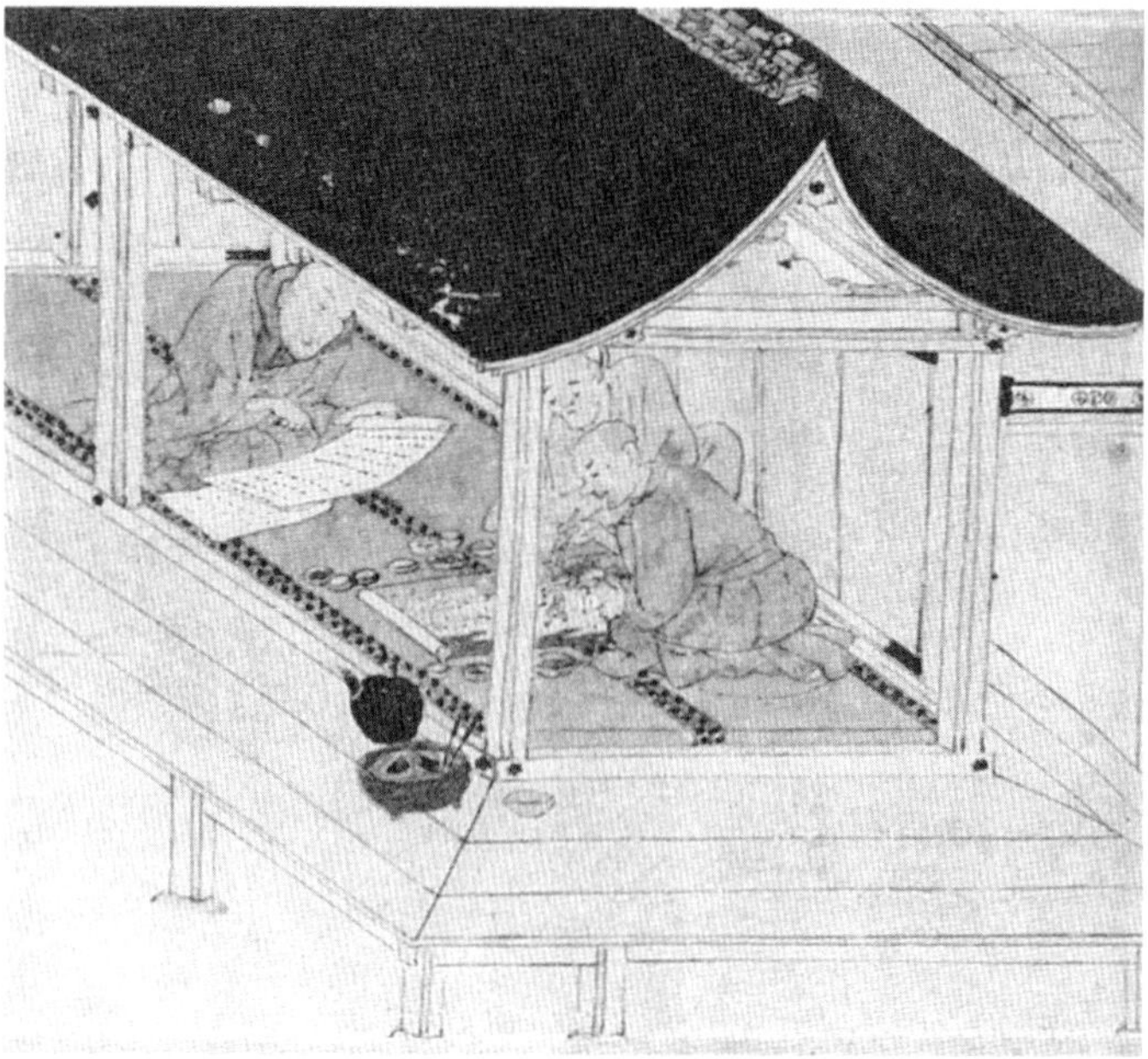

図９　親鸞絵伝を図画する（『慕帰絵』西本願寺所蔵）

て、これを読むことによって再現するためである。

記録本文は、「以前彼此申詞問注如件」で締めくくられているが、まさに申詞、すなわち口頭の詞を記したのであった。記録は官人代以下六名が署名し、文末は「検取了」と文章が彼らによって点検されていることを確認している。

最後に、双方の主張の内容であるが、これにも問注らしい特徴があるといえる。たとえば、末貞は、友成の母は御(大カ)炊殿《おおいどの》の階段で刀を腹にあてて自害しようとした、と述べているが、その論点が、物証をあげて、田畠知行の由緒とその証拠の信憑性を論じるではなく、互いに相手とその縁者の素行・行状の暴露合戦のような言い合いの様相を呈している。これは訴の素朴さというか、幼稚さのようにもみえるが、そうではなく、むしろ口頭問答の属性ではなかろうか。つまり、「おまえの母ちゃんでべそ」式の身体や素行の悪口なのである。問注は面と向かった相手への鬱憤《うっぷん》晴らしの側面があることも否定できないのである。

いずれにしても、口頭がそのまま記録されることとは、どのようにことばを話したか、という口頭の詞が、ことの審理に大きな意味を持つことを示しているのである。

なお判決は、巫田《みこでん》一段・畠一段は友成に、井手垣一段は末貞に与えた（「小山田文書」相田二郎『日本の古文書』より）。

康治元年（一一四二）に園城寺《おんじようじ》（三井寺）と延暦寺《えんりやくじ》は僧徒が争い、互いに堂宇《どうう》を放火しあうという事態であった。その三井寺の朝順が事件への関与を尋問された。

まず、役人が朝順に問う、三月中頃比叡《ひえい》山に登ったとの情報があるが、本当かどうか述べよ、というものである。その表記は「去三月中旬罷二登天台山一之由、有二其聞一、定有二由緒一歟、件子細以二実情一弁申如何」であって、漢文である。

朝順はこれに答えて、登ったのは事実だ、三度も三井寺が焼かれたのでその鬱憤を晴らすと僧徒が皆言っているので自分の意思で登った、という。その表記は「山仁《に》罷登事、実仁《に》候布《う》、房一宇二《に》万《ま》礼《れ》、付レ火天《て》、三ケ度三井寺於《を》被レ焼多《た》流《る》、年来之鬱於《を》散世《せ》牟《む》度《と》、満寺乃《の》僧徒乃《の》申候比《ひ》志《し》かば、任二愚意一天《て》罷登天《て》候比《ひ》志《し》也度《と》申」と送り仮名を付したものである。つまり話しことば表記である。

再び、役人がともにたくらんだ輩の名を明かし、朝順も実際に火をつけたかどうかを問う。もちろん漢文表記である。

朝順はこれに答える。「字《あざな》石見君、蓮教房、伊勢君、金蔵房等」一が共謀したが、最終的な首謀者は知らない。私は当住ではなく松崎に一三年住んでいる。「石見君が相語候比《ひ》志《し》かば、当日仁《に》曾《そ》可二登山一之《の》由於《を》ば、承候比《ひ》志《し》かば、罷登天《て》房一宇仁《に》ハ放火天《て》候度《と》申」一し、陳述は仮名交じりで表記された。

住僧慶智も問われ、「人乃《の》語仁《に》毛《も》不レ候須寺乃《の》大衆乃《の》駆立候比《ひ》志《し》かば、罷登天《て》候比《ひ》志《し》也、房一宇仁《に》ハ放火天《て》候比《ひ》岐《き》、堂仁《に》ハ字八□度《と》申僧古《こ》曾《そ》、唐笠仁《に》火於《を》付天《て》自二岸上一志《し》天《て》、堂□狐戸仁《に》投入天《て》候比《ひ》志《し》度《と》□申」した。すべての大衆僧が駆り出され、比叡山に登り、自分は房を一つ焼いたが、堂は「字八□」という僧が唐傘に火をつけて堂の戸の中に投げ入れた、という。

このように、問注は被尋問者の陳述を話し詞で、そのまま表記しているのである。尋問者の述べた言葉が漢文表記であったのと比べてみれば、そのねらいは明らかである。発言の忠実性であり、それは口頭の詞なのである（『愚味記《ぐまいき》』康治元年五月八日問注、僧朝順等申詞記）。

永治二年（一一四二）、字新六郎友員殺害事件である。

嫌疑をかけられた散位源行真の「申詞」がある。その冒頭部分は次のように書かれている。

殺害二字新六郎友員一之事、全不三知給二候、但自レ本敵人仁天波《にては》、前陸奥判官郎等字源七郎道正古《こ》曾《そ》□候倍《ば》、其故波友員道正止《と》波《は》共兄弟之子仁弖《にて》候仁《に》友員が道正が母幷弟道澄等を殺害仕候畢、其後又道正波《は》□□母并兄友房、末高等を殺害仕候畢、如レ此之間、日来毛敵人仁弖《にて》候比志《ひし》也（『愚昧記』）

長文になるので、以下は略すが、友員殺害は自分ではない、ただし、道正ではないかという。彼らはともに兄弟の子であるが、友員が道正の母と弟を殺害、道正は友員の母であろうか、兄とともに殺害と、報復があったらしい。そこで行真は、このように証言したのである。この「申詞」は、これまでの事例で明らかにしたように、書かれた「申詞」を提出したのではなく、尋問に答えた陳述が尋問者側によって記されたものであろう。酒井氏の言うように、「申詞」は話し詞がそのまま「封」され、他の場所で「再生」されるレコーダーなのである。同時に、「話し詞」の形が、内容と同時に重要な意味を持っていたことを示しているのである。

話し詞の記録という点では「白状」はまさにそれに当たるが、ここではその白状が記される場面を紹介しておこう。

場面は治承元年（一一七七）鹿ケ谷《ししがたに》の俊寛《しゅんかん》僧都・藤原成親《なりちか》・僧西光《さいこう》等の謀議が発覚するシーンである。危急を知らせる使いに出た西光は六波羅《ろくはら》方に捕らえられてしまう。清盛は謀反の次第を詳しく尋ねた後、「シャ口割テ誠ヨ」と命じ、松浦太郎高俊は西光を拷木《ごうぼく》に懸けて打たせせた。いわゆる拷問である。西光は最初は知らぬといい続けたが、ついに折れ、拷木より下された。清盛は硯《すずり》と紙を取り寄せて、西光がありのままに語ったところを、白状四、五枚に記させて、「判形セサセ」た後、高俊は西光法師の頭を踏んで口を割ったとい う。残酷な拷問と処刑はさておき、白状は、本人が語ったことを記し、本人に署名をさせて成立する。筆者は尋問側であり、おそらく話し詞そのままに記したであろう。それは第三者が口頭の詞を記す当然の作法であると同時に、詞の信憑性をもたせるために「原状のまま」を重んじたからに他ならない。そしてそれはそのまま社会の中で「語り口」の大切さを意味しているのである（『源平盛衰記』五　成親以下被召捕事）。

詞と証人

詞の活きた場面を垣間見せる場景をみよう。近江葛川のくるみ相論である。正和五年（一三一六）九月晦日付け「葛川訴論人申状」と称されている文書は当事者が署名をし、「申状如件」の書き止め文言を持つ「訴論人の申状」であるが、内容は双方の問答を書き留めている。「再御堂のかうし請文也」と端裏書があるので、彼らの主張・証言は「かうし」によって聞かれ、記録されたのである。

双方の言い分を抄出し、訳すと以下の様である。

一　訴人中八申云、

去る六月十三日ひはさみ山から、屋根を葺《ふ》くのに使うそぎ板をとって帰るときに、黒太郎・石太郎二人、滝野の宗次郎荒堀（地名か）の近くの、並んでいる卒塔婆《そとうば》に隠れているのを見つけた。その後、弥藤次の家の前で二人に声を掛けた。

一　論人黒太郎・石太郎申云、

去十三日、西山で胡桃《くるみ》の根を掘って帰ってくるところで、弥藤次の家の前で中八と出会った。しかし、今の申状では卒塔婆の陰に立ち隠れていたという。盗人だと思ったのであらば、その時になぜ呼びかけないのか。遥かに道をへだてた弥藤次の家の前の大道にて出会った者をとらえて盗人とは何たることか。その上、弥藤次妻女にも会って問答したといい、盗みが本当ならばどうして二人を留め、彼の妻をも証人にたてないのか、さいわい、件《くだん》の家の前で出会ったというのならば、妻女の所見で明らかになるのに、まったくでたらめな申状で「ことばを掛けた」、というだけではまったく証拠にならない訴えである、（略）

これは、聖域である滝山の胡桃盗みをめぐる相論である。訴人（原告）は中八で、論人（被告）等が卒塔婆に隠れているところを見たという。論人は否定するが、論点は、訴人が、論人が滝山の胡桃の根を掘る現場を目撃したのではないことから、卒塔婆の陰に隠れていたどうか、そしてなぜその時に詞を掛けなかったかにあった。

論人にいわせれば、「見合」（出会った）の「卒塔婆」の現場ではなく、そこから離れた「弥藤次前」での詞掛けが不審である、といい、証言の信憑性を衝《つ》いているのである。要するにこの主張では、見合＝顔を会わせたときに声をかけるのが当然であるという、人の出会い時の作法、習慣を述べたてていると思われる。これは理解できる。

一方、中八の言い分であるが、並んでいる卒塔婆に隠れていた者等を見ながら、その場では無視し、他の家の前＝「大道」で「ことば」を掛けた、という。この行為は論人等のいうように不審な、つまり通常の人間行動の習慣から外れた理解しがたいものであろうか。結論からいうと、そうでもないように思う。黒太郎等は隠れていた。しかし、実際は中八は見ているのであるから、隠れ方は不十分だった。しかし、当人は見えていないと信じている。この状況は両当事者にとっては、見え・見られてはまずい、という状況判断をするには十分ではないのか。もっと限定すれば、顔を会わせなければ、目を見合わせなければ、見えないことになっているという了解がなりたつとの共通の認識があったと考えられる。この「顔を会わせてはまずい」というその場の状況が、訴人が論人等は盗人である、という判断の根拠になっているだろう。また、目を合わせず、「ことば」を掛けなかったことが、論人等が中八に会っていないこと、訴人の証言の虚偽性を主張する論拠になっている。頭かくして尻隠さず、の状況判断の二面性を双方が根拠にしていると思われる。本書の関心からすれば双方の主張の真実性はとりあえずおいておいていい。知り合いが顔を会わせれば詞を掛け合う、顔を会わせなければその場に居ないも同然という、認知における社会習慣を双方が盾にとっていうことがおもしろい。

そして、この双方の主張が申状として一つに載せられている。これは問注記に相違ない。詞を文字に記したものである。同年八月三〇日付で、大先達継秀が葛川常住御房あてに訴論人の「参決」を促しているので、この申し状は、端裏書に「再御堂のかうし」の請文とあるので、この人物が尋問＝その「参決」での双方言い分を記し、訴論人の署名押印を取ってこれを確定したものである。問注記はいわば役人が問答をそのまま注した速記録とでもいうものであったが、これは署名を取り、調書として確定したものである。仮名交じりの表記は申詞と意味は同じである。しかし、それ以上にこの場面は、詞掛けと出会いの活きた関係を示している（『葛川明王院文書』五二号）。

詞の重要性にからんで、口頭での証言・証人の重要性が裁判・中世社会の中で汎用されていたことを戦国大名伊達氏の『塵芥集《じんかいしゅう》』で紹介しておこう。

『塵芥集』は天文五年（一五三六）に伊達稙宗《だてたねむね》によって制定された分国法で、一七一ヵ条と分国法の中でも最大のものである。とくに、家臣と百姓等との相論に規定が詳細であることに特徴がある。

その五六条、「人勾引《かどひ》の事、請返し候もの、口にまかせ、その沙汰有るべし」、人が誘拐され、取り戻すことができたら取り戻された者（被害者本人）の証言で犯人を処置する、という。「口にまかせ」とは証言の通りということで証言の重要性を示す。

六五条に「又山人たき木をもとめ深山へわけ入のとき、山立狩人となずらへ、山人を取る。しかるに山人不慮にのがれきたり、狩人を見知るのよし申出でば、くだんの盗人、たとひ真の狩人なりとも、山人の口にまかせ盗賊の罪科に処すべき也」とある。文意は、山の利用者が山に入った時、山賊が狩人を装って、人を薪取りの違反者として身柄を捕らえることがある。うまくのがれて、「見知る」＝山賊を特定して訴え出れば、山賊が本当の狩人であっても、被害者の「口にまかせ」＝証言だけで、山賊を処罰するという。このように被害者＝当事者の証言はそのまま証拠と認定されるのである。

当然、そこから証人の重要性も規定されるようになる。

四一条に「窃盗・強盗・海賊・山落の事、右、支証なくば、生口《いけくち》をとり、その沙汰有べきなり。同類の事、生口まかせたるべし、もし又、白状の人数のうち、あやまりなきよし申、むかい生口をとり、咎なきの旨申分くるにいたつては、以前とり候生口、五十日のあひだ沙汰所につながせ、互の口をきかせ、あやまりの方成敗あるべきなり」とある。つまり、証拠がなければ生口＝証人に窃盗以下の刑事犯の証言をさせ、処理をするという。それだけ証人が重要であった。それだけに、嫌疑者が無罪を主張し、反対の証人を出した場合は、最初の証人の身柄を五〇日間拘束の上、その証人同士を対決させ、偽証の方を処罰するという。

五〇条には「生口をとり働かざる事、取手の越度《おちど》たるべし」とあって、証人が証言（自白）をしない場合はその証人を提出したほうの落ち度となるとしている。このように、物証に代わるものとして証人の口＝証言は重んじられたのである。

声で話すことと文書

これまで相論に絡んで申詞・問答・証言の意味、重要性をみてきたが、ここでは必ずしも敵対者が具体的に存在しない場合でも、声で話したことが文字化される場景をみてみよう。

〔紛失状〕

土地や所領の所持を示す文書＝公験がなくなってしまった時、紛失した文書の無効を宣言し、新たに文書を作成し、新文書の効力が確認されなければならない。紛失状の作成である。その確認を何らかの公権力に頼るのも一つの方法であるが、そうではなく一定の社会性が確保されればいいのである。それが中世の世界である。

建暦二年（一二一二）一一月のこと。僧慶増は伊賀《いが》国名張《なばり》郡黒田荘内の水田二反・畠二反・屋敷等の本券を願幸房に預けておいたが、これを火事であろうか、焼失されてしまった。そこで紛失状を作成したが、その時、「仍《よつて》門弟等召集テ、立紛失状」とある。そして、問題が生じた時は「各同心合力《ごうりき》シテ」沙汰をするようにと結んでいる。門弟らはこの文書に署名している（竹内理三編『伊賀国黒田荘史料集　二』四八一号　吉川弘文館　一九七九年）。おそらくこの場合、僧慶増は文書を書き、これを読み聞かせ、皆が同意を与えたに相違ない。しかし、その書くという作業の前に、慶増は門弟に言い聞かせたに違いない。権力ではない、門弟＝複数の人々に申し聞かせたこと、これが社会の承認であり、社会への公布であり、彼らの署名以前に耳が証拠であり、効力を持つことを示している。次節「書から詞・耳へ」でみるように耳が証人なのである。ここでは文字化、文書化はされているが、口頭で読み聞かせ、話聞かせたことが肝心なのである。文字はこれを固定し、未来につなげ、それは独自の意味を持つが、口頭詞の仮の姿でしかない。

〔村の寄り合い〕

弘安元年（一二七八）一二月、日熊国宗は紀伊《きい》国粉川《こかわ》寺領東村の田地の紛失状を作成した。この田地は東村の土地で、質に入れておいたものらしい。しかし、今は弁済をして村のものに戻っていたのであるが証文をなくし紛失状を作成したのである。この中で「今一村諸衆仁《に》申天《て》、所立紛失状也」とある。つまり村人たちに話して紛失状を作成したというのである。先の門弟等への状況とは異なるが、この場景は、やはり多くの人々の耳に口頭で、詞で訴えて、了解を取り、作成したのである。おそらくその場で書いたか、書いたものを読み聞かせたか、同意と皆は手を打ったか、気楽なものであったか、儀式めいていたか、わからないが諸衆の耳が証人であった。このイメージが荒唐無稽なものでないことは、端裏書《はしうらがき》に「於一村毘沙門講座、諸衆一同仁所立状也」（「王子神社文書」一二号『和歌山県史　中世史料二』一九七五年）とあるところからも裏づけられる。毘沙門講の場で皆に話し作成されたのである。これは講や村の寄り合いの機能を考える上でも興味ある事実であるが、文書が先ではない、衆の談合による合意であり、状はあくまでその結果であることを示している。

〔置　文〕

若狭国の田烏《たがらす》に畠の所在を記した文永七年（一二七〇）三月二四日付の状がある（『鎌倉遺文』一〇六〇八号、『京都大学文学部　博物館の古文書　第2集　秦家文書』思文閣出版　一九八八年）。田烏の刀禰《とね》秦守高《はたもりたか》の署名がある。刀禰とは一般に郷村の社会での役人、顔役で、とくに海浜とのかかわりが深く、田烏浦の秦氏はこの地の開発に深く関わった旧家であった。冒頭に「注進」とあるから注進状と呼ばれているが、書き止めに「後日のために記す」とあるように、内容は置文である。その一部を紹介しよう。

（略）鳥羽道ノうらへハ、成重おとゝいの作あけ也、おうえの木ヨリ北ハ、惣新大夫作也、かうくほまてニおうえの木ヨリ東シハ、惣大夫作也（略）又よこみちよりかみのほりみちより南ハ、大大夫作也、北ハとう大夫作也（略）たにより南ハこんセい作也、それよりかみハ、いなはたゆう作也

こうした記述が延々とつづく。「かくのことき《（記）》しるしおくところハ、こんね《（今年）》はたけ《（畠）》のらうせき《（狼藉）》あるによりて」記したのである。畠の所在地表記、この実に具体的なランドマークに則って、明確に指示された記述、歩行の動視点でローカルそのものである。この記録は、現地の人々にはよく理解できるものであったろう。これは年来守高が口承していたものと私は想像する。守高の頭の中にある絵であり、記憶である。文章は話し詞そのもので

ある。記憶、すなわち唄のように留まることなく、リズミカルにつづく。写真で見る守高の筆跡は中世の有力百姓として違和感はなく、本人が書き記したものであるかもしれないが、これは記憶を口に出してたどりながら、口に出すことで思い出しながら、口ずさみを止めては記憶が途絶えるかのように、一気に連綿とつづった（つづられた）と考える。つまり、この置文は口承を文字化したものなのである。この想定が当たっているならば、ここでも口頭の詞が先にあって、初めて、「狼藉」という特殊事情のため文字化されたのである。中世の古老はこうした記憶も彼らの機能のうちであった。

たしか、アフリカでは年寄りが死ぬと「図書館がなくなった」と表現すると聞いた。いいえて妙と思う。川田順造氏は「声はやはり過去を喚起し現前させることにかけて、文字をはるかに凌ぐ力を持っている」、「過去帳に記された名を一つ一つ声で読みあげることは、精霊を来臨させるという意義を帯びているだろう」と述べている（『コトバ・言葉・ことば』青土社　二〇〇四年　一六七頁）。

書から詞・耳へ

文書を読み上げること

口頭の詞、口承を文字化し文書に書き記す行為があれば、反対に文字を読み、文書を読み上げる行為もあった。これも歴史における口頭音声の力を示す場景である。

十五日（略）延引之例、以往之例、文書破損不レ能二引勘一者、詞申云、去年按察大納言為光□入手結、然依無射手、不行手結退出云々、（略）

朝廷の正月行事で弓を射る行事を延期するかどうかを問題にしている場面である。先例を引用すべき文書が破損したのならば先例は詞で述べる、という。文書第一主義の朝廷の世界もそれが破綻すれば詞の技になる。先例の世界でも記憶が詞として復活する。これは文書を読むことではないが、関係としては同様なものであろう（『小右記』天元五年〈九八二〉正月）。

書き手の再生

建仁元年（一二〇一）三月二一日の事件である。これはすでに前章「群衆の詞と平家のおそれ」の節で紹介したものであるが、尼真妙方の者が官使・東大寺寺使に対し刃傷、濫妨狼藉を働いたとされる一件である。真妙は自筆の書状、弁明状を送り、自身は現場にはいなかったこと、相手の証言が変わっていって信憑性に欠くこと、事件は偶発的であったこと、などを弁明する。「御かへり、こまかにうけ給はり候ぬ」という書き出しの状の袖に「このよしよく〳〵よみ申させ給へ、御けうやうと思候はんするそ」とある。文意はこの陳状をよく読んでください、それは孝養ですよ、ということである。孝養とは親への孝行、親などの菩提を弔う、ということである。また、「よむ」は一般的には教や文章を音読することである。とすれば、「よみ申させ給へ」とは、この陳状を声を挙げて読んでください、ということであろう。一月後に出された尼真妙陳状が漢文であることとも対比して、仮名書きのこの書状は読み上げ用なのであろう。

真妙と不明の宛所の人物（藤原隆忠《ふじわらのたかただ》か）との関係も色々推測はできるが、声を挙げて読み上げる行為、そのことが孝養なのである。尼は母であろうか、縁者の手紙を声を挙げて読み上げる、まるで経典を読むように、それが要求されている。それをする、繰り返すことが文書をありがたいものにするのではないだろうか。読み上げる人の声から、書き手の魂・心情が汲み取れるということなのであろう。ちょうど、土地に鍬《くわ》を入れることが、土地を生き返らせる「地発《じおこし》」といわれるように、書状を声という抑揚や強弱のある響きで読み、文章に息遣いを与えることで、死んだ文字は、書き手本人がまるでその場にいるような状況を作り上げる。経典を読むことで死者も生き返るような、読み上げることは文字から発話者を再生する行為なのであろう（尼真妙陳状『鎌倉遺文』一一九〇）。

読み上げるための文書

鎌倉時代中期の肥前《ひぜん》国御家人《ごけにん》、青方《あおかた》・白魚行覚と峯源藤五の相論は詞と文書と読みの関係を考えるのに格好の素材を提供している。青方氏は五島《ごとう》列島中通島《なかどおりしま》青方を本拠とした土豪で、その地の開発領主の子孫という。海を挟んだ肥前松浦《まつら》氏の一族でもある。海に生きた人々で、朝鮮人や唐人と通婚するという境界領域に暮らす集団でもあった。

この「青方文書」には仮名書きの文書が大変多い。これは鎌倉・六波羅《ろくはら》・鎮西探題《ちんぜいたんだい》といった幕府関係のものではなく、五島内外の現地に発したものに多い。このことは五島地域では漢字での表記はなかなか一般化しておらず、特定の人々のみこれを用いていたことを暗示する。また、漢字表記であってもいわゆる宣命体、て・に・を・はは漢字表記したものが多い。これは明らかに音読を前提にしたものである。表記するもの、読むもの、聞くもの、この三者の同一の時空を前提にした記述であったと思われる。引用は省略するが、峯貞陳状案（『松浦党関係史料』二五一号）の中で、「覚円状云」として引用された部分、これは一二通の文書の引用であるが、この部分はすべて宣命体で記してある。「各元和字」とあるから、仮名書きの文書を漢字に直したということになる。おそらく、この陳状を作成するにあたって、何者かがこれらの仮名文書を読み、筆者がこれを聞き書きしたと思われる。もちろん筆者が読みながら漢文化したかもしれないが。いずれにしても、文書を読みながら、または詞を口ずさみながら文書が作成されるという、その場の状況が想定できるのである。

これと逆の関係になるのが、正和四年（一三一五）六月二日鎮西探題裁許状案（同三一四号）である。これは全文漢文の裁許状であるが、同文の仮名書きがある。それが三一五号文書である。幕府の裁許が仮名で出ることはないから、この仮名書きは当然裁許状を仮名にしたものである。漢字を仮名に変換したのである。唯一、漢字で書かれた差出人名「前上総介平朝臣」に「さきのかつさのすけたいらのあそん」とルビが振ってあることで分かるように、読むための仮名書きである。

こうしたことから、当時、松浦五島地方では、文字を記すのに仮名書きが一般的であり、漢字は十分には扱えなかった。限られた人しか読み書きできなかった。したがって、文書を知らしめるのには読み上げる必要があった。そのため一層仮名書きが支配的となった。

以上の事態を裏書きするように、白魚行高は峰弘高を「和漢是非、不足右筆」と弘高が漢字・文字に通じていないことを指摘して、謀書の根拠にしている。このように文字を書ける人は限られていたのである。

これは中世一般の状況でもあるが、この地域の特殊性であったかもしれない。この青方一族には唐人の嫁があったことが知られている。朝鮮の船が定期的に着岸することも知られている。琉球との交易も想定していいであろう。他民族との交流が生活の中に定着している。彼らは「和漢是非、不足右筆」の人々ではあったかもしれないが、唐・朝鮮・琉球の詞には程度の差はあれ、日常会話程度は通じたのではないか。多言語の人々であったのではないか。しかし、文字は苦手であった。これは、生活言語がいうまでもなく話し詞であり、その点は不自由なく、むしろ漢字という為政者の文字にこれらマージナルな人々は不得手、不熱心であったという、地域的な人間生活の自然なあり方を示したものではないであろうか。

読み聞かせること

和泉《いずみ》国日根野《ひねの》荘に在荘している九条政基《くじょうまさもと》が、来訪した家司土屋太郎左衛門尉より、細川氏の小守護代松坂景量が、神於寺《こうのおじ》からの不当な入山田村への要求を拒否していた経過を聞き、訴える場面である。

よつて以前の神於寺の折紙《おりがみ》を土屋に読み聞かせしむるのところ、重ねて申し来たらば、戒め置かるべきなり、上より成し下さざる題目なり、またこの折紙の旨、なほ〳〵松坂に申し聞かすべきの由、土屋申すと云々

政基は神於寺からの折紙（手紙）を土屋に読み聞かせた。土屋は「また言ってきたら戒めましょう」と政基の意を容れた。そして、松坂はそんな命は出していない、と説明する。さらに、折紙の内容を松坂に伝えることを約束する。この展開、交渉ごととしてはさほど珍しいものではないが、土屋を神妙にさせているのは、決して政基が貴人であることのみに所以《ゆえん》しているのではないであろう。「面と向かって読み聞かされた」、その迫力と事実の説得力が、神於寺の不遜さを大きく再生させ、土屋を恐れいれさせているのである。ダイアローグの逃れられない迫力である（『政基公旅引付』永正元年〈一五〇四〉七月二日条）。

文書から詞ということになれば、それは読み下しであるし、耳を媒介とするコミュニケーションであった。したがってこの関係を象徴するキーワードは「耳」となる。

「耳」の証文

次の売買証文を見ていただきたい、いや、読んでいただきたい。

右、コノナラノタンナン《(檀那)》、サコヱモンカ《(左五右衛門か)》、センソタリ《(先祖)》トヰエトモ、イマ、ヤウ〳〵《(要用)》アルニヨッテ、シキセン《(直銭)》ハンリヤウ《(判料)》、トモニコメ、壱貫三百文ニ、ナライチヱニ、ウリ《(売り)》ワタス《渡す)》コト、シシヨウ《(実証)》ナリ、タトイテカ一タウ《(手下一統カ)》ノコト候トモ、コノタナニヲキ候テ、イラン《(違乱)》アルマチク候モノナリ、ヨッテ五《(後)》日ノタメ、クタノコトシ《(如件)》

文禄五年《サル》十二月日

ウリヌシサコヱモン（筆軸）

カイヌシツチノ内ヨチ

キ、ミ、ウシタラウ（筆軸）

同　アヰノ

筆者　理勝坊（花押）

この売買証文は、修験の村、奈良の天川《てんかわ》村の檀那職の売券である。修験がそれぞれ奈良であるとか他地域に檀那をもち、そこから収入を得る。今のツアーコンダクターのようなものであるが、その権利を売るというものである。「サコエモン」が「ツチノ内ヨチ」に「ナラノタンナン」を売り渡したのである。全文片仮名であるが、形式はごく一般的なものである。片仮名書きであることはこれが庶民の手によることを示している。しばしば、百姓等が片仮名で申状を書いたことは知られている。注目したいのは証人のあり方である。傍線のように「キ、ミ、」（聞き耳）とあることである。これについてはこの文書を紹介した中村直勝氏の説で言い尽くされていよう。

おもうに売買の当事者が共に一丁字ないとすれば、その文書を書くのは、誰か文字のある者―寺の和尚が選び出されてその任に当たったのであろう。それで、筆者のあることは判る。そこでかくして書かれた文書に何と書いてあるか、それは売買当事者にしてみれば、自らは読めないのだから、誰かに読んで聞かせて貰わねば判らない。従ってこの文書は筆者が書いてやったものを、売買当事者に読んで聞かせる必要がある。そしてそれだけでは、他日紛糾が起こったときにどうにも仕方がないから、それを読んで聞かせて、こういう事が書いてあると知らせた時に、もう一つ第三者にたち合わせて、その人にも、それを聞いて置いて貰い、他日必要な場合に、証人になって貰う事が賢明である。かくて「ききみみ」は此の文書上には重大なる役目を荷う事となろ

う。（「キキミミのある売券」『中村直勝著作集』五巻）

この中村氏の説明に付け加えることはないであろう。あえて推測を加えるならば、このキキミミ者は文字は読めなかったのであるが、それゆえか、記憶力の確かな人であったのではないか。そのような人が選ばれたのではないか。また、キキミミが二名いることは売人、買人それぞれが推薦した人、それぞれの側の人ではないのか、ということではなかろうか。

定フシミ《(伏見)》ノセンタン《(先達か)》ハツヲ《(初穂)》トモニウリワタス《(売渡)》
マタヘイトノ《(殿)》ニインシキニウリワタシモウシソロ《(売渡申候)》、ハンレウ《(判料)》トモニ二貫六百文ニウリ《(売》
ワタシ《渡)》モウシソロ、ウリノシヒヤウヘ《(売主兵衛)》三郎トノ　カヰヌシ《(買主)》マエクホタンシヤウ《(禅正)》トノ
サヰキ《(佐伯)》ノウナシク女房キ、テ《(聞手)》

永正十三年ヒノエ子ノトシ十一月日

これは「ヒヤウヘ三郎」が「マエクホタンシヤウ」に「フシミノセンタン・ハツヲ」を売却した証文であるが、ここでも「サヰキノウナシク女房キ、テ」とあって、「聞き手」が証人である（『天川村史』五四頁）。

享禄四年（一五三一）七月二三日付の来迎院智運房の二四軒分の檀那場売券では、キキ

ミミは登場せず「執筆たのつの孫六」とのみあるが、慶長四年（一五九九）正月一九日マコ七郎檀那場売券では「同キ、ミ、テラ」とあり、同時に「ヒツシヤマヘクホ□（花押）」とある（『天川村史』一一七・一一八頁）。「テラ」は「寺」か人名は不明であるが、いずれにしてもこうした地域内の散り掛り的な「証人関係」は、すでに紹介した『塵芥集』の証言・証人重視策をも念頭に置けば、安全保障体制であり、平和関係の構築である。文書が媒介する人間関係ではなく、人間が媒介する社会関係なのである。文書から耳へ、読み聞く関係の広がりは平和臨界を濃厚なものにしている。

使者の話す詞

使者は主人の状など文書を持っていくことが多いではあろうが、それでも、口頭での口利き、口上の巧拙、上手・下手は重要なポイントであったと思われる。その才覚が問題なので、臨機応変な口利きと、説得力を持たねばならない。

源義経が屋島の平家を討って、一段落した時、義経は伊勢三郎義盛に向かって、平家への応援に遅れて参画しようとしている阿波民部重能《あわみんぶしげよし》の嫡子田内左衛門教能《でんないざえもんのりよし》を「ともかうもこしらへて具してまいれ」と命じた。遅参《ちさん》の敵勢を降参させよと命じたのである。義盛は一六騎ばかりで、皆白装束《しろしようぞく》で向かったが、ちょうど教能に行き逢った。使者を立てて「義経の御内の者であるが、大将に申すべきことがあり、我らは戦さのしたく武装もしていないので（安心して）どうぞ入れてください」と申し入れた。これは容《い》れられ、義盛は教能に会い、すでに合戦は勝敗が決したことを述べ、「御辺のちち阿波民部殿は降人にまいらせ給ひて候を義盛があづかりたてまつて候が、『あはれ田内左衛門が是をば夢にもしらで、あすはいくさしてうたれまいらせんずるむざんさよ』と、夜もすがらなげき給ふがあまりにいとをしくて、此事しらせたてまつらむとて、是まで罷《まか》りむかつて候。そのうへはいくさしてうちじにせんとも、降人にまいつて父をいま一度たてまつらんとも、ともかうも御へんがはからひぞ、といひければ、田内左衛門きこゆる兵なれども、運やつきにけむ、『かつきく事にすこしもたがはず』、とて、甲《かぶと》をぬぎ弓の弦《つる》はづいて、郎等にもたす」。こうして義盛は一六騎にて三千余騎の兵を降参させたのであった（『平家物語』巻一一「志度合戦事」）。

義経は「義盛がはかりことまことにゆゆしかりけり」と感じ入るのであるが、使者としての義盛の演出も含め、弁舌の才覚の勝利であった。なお、兜《かぶと》をはずし、弓の弦を切ることは降参の作法であることは知られているとおりである。

そもそも使者は主人の書状などの文書を持つとはいえ弁舌での伝達が使命であった。寿永三年（一一八四）一《いち》の谷《たに》の合戦で捕えられた本三位中将重衡《ほんざんみちゅうじょうしげひら》は京都へ囚われ人として連れられてくるが、院より使いがあって、三種の神器を返すように要求される。重衡は無理とは思いながら、使いを出すことを約束するが、「私のふみはゆるされねば、人々のもとへも詞にて事づけ給ふ、北方大納言佐殿へも御詞にて申されけり、『旅のそらにても、人はわれになぐさみ、我は人になぐさみたてまつりしに、ひき別れて後、いかにかなしうおぼすらん、「契りはくちせぬ物」と申せば、後の世にはかならずむまれ逢たてまつらん』と、なく〳〵ことづけ給へば、重国も涙をさへてたちにけり」と、手紙は禁じられていたが、詞、言付けは認められていた。このように、文字と詞とははっきり区別されていたのである。公は文字、私は詞ということのようにも思われるが、「私の文」も禁じられていたのであるから、公私はさらに表裏と区分されていたかもしれない。私にも表立っては文字は使えぬが、裏では詞はゆるされるという。詞は最後に残された伝達手段であった。生ある人間としては当然であろう（『平家物語』巻一〇「内裏女房の事」）。

使者の詞の例をもうひとつあげておこう。

応長元年（一三一一）であろうか、大山崎神人の訴を請けて、伏見《ふしみ》上皇は、「淀《よど》・河尻《かわじり》・渡辺・兵庫以下諸関津料」を免除する院宣《いんぜん》を八幡検校《はちまんけんぎょう》法印御房宛てに発給するが、その中で「前左府《さきのさふ》状」と「武家状幷使者申詞」によって、とある（離宮八幡宮文書『鎌倉遺文』二四三九九）。この使者は「武家状」を持ってきた者と思われるが、状と並んで申詞、この場合は口上といってよいと思うが、それが依るべき典拠となっているのである。申詞はすでに述べたように、口上そのままに記されたものであるが、ここでは文書ではなく、その場での発話そのものと考える。使者の口上の重要性を示すものといえよう。

堺相論

文和五年（一三五六）正月、近江国葛川《かつらがわ》と山城《やましろ》国久多《くた》荘の間で堺相論《さかいそうろん》が起こった。この相論の中で何回か使者の問答があるので取り上げたい。経過を追って記す。

事件は文和五年正月一七日に起きた。葛川住人が薪を採りに鎌鞍山に入ったところ、久多の百姓等数十人に打擲《ちょうちゃく》され、斧《おの》・山刀《やまがたな》・具足《ぐそく》を取られたという。当然報復の「談義」が企てられたが、上裁を経るとして寺務方が宥《なだ》め、とりあえず収まった。そして次のような展開になる。

［場面a］　翌一八日に葛川住人の中の三河入道浄仏・伊予太夫・平三太夫らが内々に久多に赴き、斧・山刀等を返してくれるよう頼んだ。久多荘百姓等は集会をして、話合をしたのであろう、酒・肴を調え丁寧に饗応をした。その場で浄仏は「堺相論は公方《くほう》の沙汰であり、今日此処《ここ》に来たのは惣住人の意向ではなく、私的に具足が必要なので返していただき

たい」と、もちろん、口頭で話した。その結果、久多は具足をことごとく返したという。これで斧取りの件は一段落した。ここで、堺相論は公方、押収物の返還は私的という区分は注目しておきたい。そして、私的の場合、礼を尽くした挨拶で事が収まっていることも興味深い。

［場面b］ところがその後、久多荘は葛川の住人が通路を塞《ふさ》いだと佐々木導誉《どうよ》に訴訟する。佐々木から寺務を通じ葛川の本家である青蓮院《しょうれんいん》門跡に訴え、二月一九日、門跡より無動寺《むどうじ》検校へ、検校より寺務へというルートで葛川住人等にこれが知らされた。二月二一日、葛川住人等は寄合をおこなう。そして久多荘の訴は根拠のない虚説であると決議し、寺務に注進《ちゅうしん》する。寺務から検校に、そして佐々木方へ報告されたのであろう。問題は通路塞で、ことの実否を調べることになった。

三月一七日、佐々木方は久多に使者藤原利康を派遣し、葛川側の門跡桂林院使者土佐寺主勝舜と対面することになる。対面は一八日、久多荘側は藤原利康・政所慶阿弥、葛川側は土佐寺主勝舜の間でおこなわれた。

利康「通路を切り塞いだ在所、合戦場所を見知し、お互いに記録したいが」

勝舜「そのような事柄については承知していないので応じられない」

利康「それができないというなら一体何のための使者なのか？」
勝舜「（桂林院からは）狼藉を鎮めよとばかり指示を受けている」
利康「寺務代の弁法印御房の命は、門跡の使者と我々と共に切り塞いだ在所を記し、合戦の場にどちらから攻めてきたのかを委しく報告しろとのことである」
勝舜「私は文盲であるので記すことはできない」

嘘か真か、門跡の使者は文盲で、文字がわからないという。もちろんダイアローグは成立しているが、文字をめぐって解決は暗礁に乗り上げた。

［場面c］　佐々木導誉の使者利康・政所慶阿弥は連名で三月一九日に、この時の見知の報告を細山田源五郎にしているが、そこでは門跡の使者勝舜は葛川住人を鎮める意志がないとしている。そして、別紙の一八日付け注進状冒頭では「三月十八日未刻、御門跡桂林院御使土佐寺主勝舜前ニテ注申候」と記している。

この注進状は、本来ならば見知した両使者、すなわち利康・慶阿弥と勝舜の三名の連署でなされるべきであったろうが、佐々木側の二者のみである。それは勝舜が文盲であるからによる。両者は「御門跡の御使を勤められる仁の文盲なることとあらじ」と疑っているが、当人がそのように主張するからにはしかたがない。そこで、冒頭の「勝舜の前にて注し申しました」という状況は、この間の事情を書いたものを、慶阿弥であろうか、読み上げて、勝舜の了解を得たものであろう。それが先のような表現になったのである。そしてそれが勝舜の署名の代わりといえる。両者は注進状の文末に、偽りを申せば「伊勢天照大神八幡大菩薩の御罰を可㆓罷蒙㆒候」と記す。

［場面ｄ］　三月二二日、門跡使者に常住などを含め、人数を拡大して現場の検証をした。この間、大雨などで予定が変わった。当日、勝舜・寺務代弁行者の代理として三位律師御房玄成・常住教源・小常住と常修住人五名、それに現地川原の忠太郎太夫・滝野大和太夫・上伊藤二郎太夫・細川孫二郎太夫・大丹以下が因幡《いなば》太夫の所で休息しているとき、久多荘からの使者が来て、

　一昨日に参りましたが、物詣や大雨などで遅れてしまったことはすでに状で申し入れたとおりです、したがって、「河合上□」まで行きますのでおいでいただきたい

「言曰く」、とあるから使者は口頭で伝えた。

［場面ｅ］　現場では久多荘側は佐々木からの両使者と久多荘の土民多数が立ち会った。

利康　「一昨日は川水が予想外に出て、土民らが今日は通行できないというので物詣でをしていて失礼した。こうして御出でくださり恐れ入ります。よって謝罪の意味を

込めて今日はここまで出向いて参りました」

勝舜「一昨日は参りましたところ、物詣でと伺い帰りました。今日も出かけて来ましたが、ここまで御出でいただきましてありがたく存じます」

三位「両方から使者が下られ、ただ土民等を宥《たしな》められるとばかり思っておりましたが、境合戦の状況を調査されるとお聞きし、事の一端を申し述べよと、寺務法印ならびに行者方から仰せ含まれておりますので参りました。

それについて、まず当所は他に異なる重要な聖域です。（聖域成立の縁起をのべるが、略）しかし、にもかかわらず旧儀を破る者がおりますので元応年中、常住の申請によって後のために諸門跡と諸行者が連署いたしましたこと明白ですので、これを読み上げましょう」

（「縁起案文取出、御連署等、同利康・政所以下ニ読み聞せ了ぬ」）

利康「この事は必ず導誉禅門（佐々木導誉）にご報告申し上げます」

［場面f］次に三位が事件の経過を述べるが、これは略す。ただし、その中で「仍《よつ》て住人等雖《いえども》レ含二愁訴《しゅうそ》一、久多当寺権門御領之間、聊《いささか》加斟酌《しんしゃく》了」とのべていることだけ注目しておきたい。

なお、この二二日の現場立会いの注進状は末尾に「注進之由申之間、勝舜委細注了」とあるが、「三月二二日未刻佐々木佐渡判官入道殿使者、於山口、二郎左衛門尉利康・前常住僧教源相共注申候条々」が冒頭にあるので、実際は勝舜は筆記には関わってはいないのであろう。しかし、「注申」したとあるから、読み上げたことは間違いないようである（『葛川明王院文書』五六八号）。

さて、双方のやり取りの経過は大変面白い。まず、aの私的な段階では互いに礼を尽し、話し合いは無事に成立した。そして、そこでのやり取りはすべて口頭での話し合いであった。本来、これで事が済めばこの記録は残されなかったはずである。それで何の問題もなかった。

ところが、b段階で訴を請けて領主サイドが動き出すとそうはいかなくなる。実否の調査、その報告は文書となる。ここで注目したいのは文盲の使者である。利康が言うように青蓮院門跡の使者が文盲とは到底信じられない。しかし、問題はその実否ではなく、そのような言い訳が通用する詞と文字・文書の緊張関係であろう。文字はまだすべての人を捉えてはいないし、文字による解決がすべてではないのである。勝舜の言うように、狼藉を鎮めるだけであるならば、彼の口利きで十分であったかもしれない。そして、aのようにそれが通例であったのではないか。勝舜はそうした通例ではない大仰な解決の仕方が不服であったのかもしれない。それで、文盲と言い放ったともみることができる。

しかたなく、cで利康らは書いた注進状を勝舜の前で読みあげた、そして同意を得た上で主人に注進したのである。こうした交渉は歴史の現場のリアリティーを見事に示していると思う。

dからは、使者は状と口頭とをその場に合わせて使い分けているようであるが、状は利康からのものであろうから、使者そのものは口頭で意志の伝達をしていたことが知られる。もちろん、こうした場合、口の利き方はおおいに問題となるところであろう。そして、eでの問答となるが、この場は先の使者同士の会合とは様子が異なる。ギャラリーが多数居るのである。互いに挨拶を交わした後、三位律師御房玄成が話す。これは演説である。熟知している葛川霊場聖地の成り立ちを、そもそもから説いて起こした。何もこれは佐々木使者方に語っただけではあるまい。おそらく、周りを取り巻いて聞いているであろう僧、行者、土民住人の類いに、あらためてこの機会に葛川霊場の有り難さを、という思いはあったに違いない。どんな権門・武者であろうが、この由緒には畏《おそ》れ入るはずだ、という思いがあった、と思う。屋外、川原である、堂々と声高く、語り、そして、最後に記された

図10　経文を読む僧（『北野天神縁起絵巻』北野天満宮所蔵）

縁起を取り出だし、押し頂いてか、読み始めた。読みは演示である。書かれた言葉の繰り返しではない。その場その場で詞が生き返る。使者をはじめ、常住はもちろん、見入る・聞き入る人々は姿勢をただしたに違いない。読《ど》経《きょう》で鍛えられた、読みなれた威厳の有る声で、一々、胸に落ちるように、世に知られた畏れ多い高名な門跡《もんぜき》の人々の名が、高く次々と読み上げられた。『続高僧伝』巻三〇雑科声徳編で道宣は「経師為徳本実以声糅（まじる）文、将使聴者神開因声以従廻向」と述べている。すなわち、「徳が声にあらわれて聴く人の心を開いて仏道に向かわせる」のである（名畑崇「中世における音の聖と俗」『大谷大学史学論究』一号　一九八七年）。

使者利康はただただ神妙に拝聴するしかなく、聞き終えて、ただちに「主人への報告の約束」をした。しかし、これは単なるでまかせや復命の約束ではなく、自分の身分を遠慮してこの場の受け手を主の名で仮託したものであろう。そうでなければこの場ではもう対等には交渉できないのである。三位の言い分は要するに「お前等の出る幕ではない」ことの宣言であった。縁起の朗読は、読み手がその署名者ではない。読み手自身が第三者である。したがって、これは双方の使者のダイアローグではないのである。縁起に対しては共に第三者であり、間主観で対しているのである。その内容、読み手に対しての応答は成立しない。しかし、それでいて、読み上げは権威ある署名者達を現前化する。畏れ入るしかないのである。音声はその場の雰囲気を変えてしまったのである。知覚でのみ捉えられる話し詞、音声とはそうした力を持つものであった。

武者の処世訓

口頭の重要性は武者の処世訓でもいい広められていた。

武士にも弁舌の要あり、加賀《かが》国小松《こまつ》城主、丹羽五郎左衛門尉長重の家中に小笠原犬頭《けんとう》という武勇の武士があったが、口下手な人であったため、小身なままでおかれていた。一方、上方の浪人で江口三郎右衛という渡り奉公人がいたが、武勇でもあったが、弁舌にすぐれた侍であったために、丹羽は高禄で召抱えたという（「武者物語上」『雑兵物語』教育社　一九八〇年）。

文禄五年（一五九六）に制定された長宗我部掟書につぎのような使者の規定がある。

中間小者に関し、「一所々江使として指越時、於二其所一、随意所行於レ仕者、類親共可レ行二重科一事、」とある。使いに行って勝手な振る舞いをしてはならないというのである。先に紹介した『塵芥集《じんかいしゅう》』も一五九条で使者が嘘をつくことを禁じている。当然といえば当然であるが、勝手な発言が大きな問題を引き起こすことになりかねないからである。

勧進帳を読み上げる

先に紹介した葛川と久多の相論で、使者は交渉の場において「縁起《えんぎ》」を読み上げる場面があったように、文書・記録を読み上げることはしばしばあった。それは申詞のように詞の再生であると同時に、それ自体一つの演示であった。まして、文字が一般に普及していない世界にあって、文字を読み上げることは実務を含め社会の脈絡の一機能であった。

古代の村社会で読み聞かせをしていたことを示す例が知られる。

平川南氏によれば、石川県河北《かほく》郡津幡《つばた》町加茂《かも》遺跡出土、嘉祥二年（八四九）付け木簡の牓示《ぼうじ》札で、村人の生活心得八ヵ条が記され、下級官人が法令の趣旨を読んで聞かせるようにと指示されているという（「今、古代日本の文字文化を問い直す」『本郷』No.55　二〇〇五年一月号）。

承安三年（一一七三）四月には神護寺《じんごじ》の再興をすすめていた文覚《もんがく》が後白河院に直訴《じきそ》を企てた。

文覚これ（神護寺）をいかにも修造せんといふ大願をおこし、勧進帳《かんじんちょう》をささげて十方《じっぽう》檀那《だんな》をすゝめありきける程に、或時院御所法住寺殿へぞまいりたりける（略）是非なく御坪のうちへやぶりいり、大音声《だいおんじょう》をあげて申しけるは「大慈大悲の君にてをはします、などかきこしめし入ざるべき」とて勧進帳をひきひろげ、たからかにこそよ（読）だりけれ（『平家物語』巻五「勧進帳」）

院は近臣と音曲《おんぎょく》の最中であって、大音声はこれを破ったのである。門外に放り出された文覚はそれでも大音声で訴えつづけた。「奇怪」として、院の怒りに触れた文覚は伊豆に流されるという顚末になるが、彼の訴とは大音声で勧進帳を読み上げることであった。これは、手順を踏まず直訴をしたことが問題ではないであろう。次章「顔はものをいう」で紹介するように、豪雲という僧も直訴をし、容れられているからである。問題は、音曲を大音声が破ってしまったことにあるのではないか。いわば音の正調を音声の乱調が掻き破ってしまう。その不快・不安感が怒りとなった。大音声とはそのように常ならぬものなのである。それゆえ、越訴《おっそ》のスタイルでもあった。

勧進帳を読むことでは、周知の「安宅《あたか》」をポイントだけ紹介しておこう。

［場面a］

富樫「あらむつかしや問答は無益、一人も通さない」

弁慶「さてわれらもここで殺してしまうおつもりですな、熊野権現《くまのごんげん》のご罰をこうむるであろうことはまちがいない」

富樫「南都東大寺の勧進と仰せならば、勧進帳をお持ちでございますな、勧進帳をお出しいただき、ここでお聞きいたします」

［場面b］

弁慶「なんと勧進帳を読めと仰せか、心得ました」

弁慶は笈《おい》の中より往来の巻物を取り出だし、勧進帳と名づけて「高らかに読み上げければ」

弁慶「それつらつら、惟《おも》んみれば、大恩教主の秋の月の、（略）帰命稽首《きみょうけいしゅ》、敬って白《もう》すと、天も響けと読み上げたり」

［場面c］

「関の人びと肝を消し、恐れをなして、通した」

富樫「そこの強力とまれ」

弁慶「何ゆえに」

富樫「人に似ている、判官殿に似ている」

［場面d］

弁慶、義経に「憎いやつめ、思い知らせてやる」、富樫の家来等に「太刀や刀を抜くのは、弱いものいじめか、それとも臆病か」

富樫「誤りであった、どうぞお通り下さい」（「安宅」『謡曲』下　岩波書店）

この展開、能・演劇に不案内な筆者がいえることではないが、おそらく所作《しょさ》に魅力があるのではないのではないか。問答、ダイアローグの迫力と展開にこそ醍醐《だいご》味《み》があるのではないか。詞の力を如実に示している。それは意味内容の激しさ強さではない。論理の正当性でもない。詞の節で展開が変わる、大音声、その威厳、調子、息遣い、これらが聞く人を威圧するのである。

そして、すでに述べたように、勧進帳に対しては問答はない。読み手弁慶にもその内容の責めは負えないものであるからだ。したがって、聴く者はすべてただただ拝聴し、畏れ入るしかないのである。ここで勝敗はすでに決まった。後は付属物でしかない。

時期はこれより以前のことになるが、土佐房正尊《しょうぞん》にも同じように文書を読む場面がある。

頼朝より義経を討てとの命を受けて正尊は上洛する。これを見抜かれて、正尊は弁慶にむりやり義経の前に出される。土佐房は害意がないことを起請文《きしょうもん》に書く。弁慶はこれを受け取るが、「敬《うやま》って白《もう》す起請文のこと、上は梵天帝釈《ぼんてんたいしゃく》、四大天王、閻魔《えんま》法王、五道の冥《めい》官《かん》、泰山府君《たいざんぶくん》、下界の地には伊勢、天照大神《あまてらすおおみかみ》を始め奉り、伊豆箱根富士浅間、熊野三所金峰山《きんぷせん》、王城鎮守、稲荷祇園《いなりぎおん》賀茂貴船《きぶね》八幡三所、（略）」と読み上げた（「正尊」『謡曲』下岩波書店）。

この場合、文章にしたためたのであるから、見ればわかるわけであるが、わざわざ読み上げたのには意味があるであろう。まず、主、義経に聞かせねばならない。しかし、それだけではない。誓いは大音声で読み上げることに意味があったであろう。いまでも裁判官は判決を読み上げる。文章になっているのであるから、見せれば済むものであるが、そうではない。読み上げてこそ意味がある。誓約の場では鉦が打ち鳴らされることがしばしばある。誓約は暗黙では成り立たない。音声化しなければならないのである。

すでに述べたが、ことば、声、音には拡散性がある。場に居るものすべてに同じように、その高低、大小、抑揚をもって伝わる。これは場の者の聴覚から心に訴える力をもつ。皮膚感覚次元での感動を与える。同時に、自己回帰性もある。読むもの自身にも聞こえる。自らの声を聞き、その思い入れを自身で納得する。詞の力、そのような人を動かす力があるのである。読みあげた弁慶は「身の毛もよだちて　書いたりけり」と状を高く掲げる。「もとより虚言」と承知しつつ、義経も「文を奮うて書いたる器用を感じ」杯を取らせる。嘘と知りつつ、儀式をおこなう。ここには起請文を読み上げたセレモニーの場そのものを汚してはならないとする発想がある。それは読み上げてこそ成り立つものである。声になって、音として身体器官に働きかけてこそ、完成する儀式なのである。

読み上げて確認する

近江堅田《おうみかただ》、浄土真宗本福寺《ほんぷくじ》の一五〜一六世紀の住持《じゅうじ》の記録はさまざまな生活と実務の処世訓を記していて興味深いが、その中に次のようなものがある。

年行事カ月行事カニシタラバ、（略）「ナニガ入タ、ナニト遣フタ、ナニ〳〵集メタ」

ト、一合・一オヲ住持ノ坊主ト一紙半銭モ仏法物ヲ畏レテ、イヤガラル、志ノ人ニモ、読ミアゲ聞カセマウサルベシ、（「本福寺跡書」『蓮如・一向一揆』岩波書店　二一八頁）

年行事や月行事など寺の役職についたならば、収支決算を細かにしなさい。そして、煩《はん》瑣《さ》で、嫌がる人にも収支を読み上げて聞かせなさい、とある。富沢清人氏は荘園の検注帳は読み上げられてチェックがされたことを明らかにされたが、帳簿類は記録し、閲覧ではなく、読み上げられて確認されたのである。誓約の場と同じように、音声化されて共同認知されたのである。

刀狩令

藤木久志氏は天正一六年（一五八八）七月付の豊臣刀狩令《かたながりれい》について次のように述べている。

この三ヵ条、すなわち、一、諸国百姓の刀等の所持禁止、二、刀等は大仏建立《こんりゅう》に使用、三、百姓は農具をもち耕作に専念すべし、は「大名領主向けの文書であって一般に公開された法令ではなかった」とし、二・三条は「大名のために百姓向け説得用の趣旨を詳細に特記」したものであることを明らかにした。秀吉の本音である一条目の「一揆」防止などは隠して、二・三条は公表用とされたというのである。このような、法令の二段階の意図は、本書の関心からすれば、大名が文字で読む段階と、これを百姓等に対し、読み上げられ、または、口頭で達しを言い渡し、説得する場面、と二段階にイメージできるものである。すなわち文書・文字は大名への百姓説明マニュアルであった。百姓等は口頭で、しかし、読み上げられて、仰せを聞かされたのであった（『豊臣平和令と戦国社会』東京大学出版会　一九八五年　一七六・一七七頁）。思えば、織田信長が天正五年（一五七七）に安土《あづち》城下に出した、楽市令で知られる定など、状というよりは、その料紙の大きさ、堂々とした書風、書き出しと書き止めを筆太にアクセントを置いた見栄えは、文字テキスト以上にヴィジュアルな作品であると思う。読み聞かし、これを提示し、見せて、耳と目とから納得させたに違いない。

顔はものをいう

顔と音声

眼と顔の表情

日本の歴史に関し顔のことが書かれたのは『魏志倭人伝《ぎしわじんでん》』が最初であろうか。「男子は大小となく、皆黥面文身《げいめんぶんしん》す」とある。男子は皆体や顔に刺青《いれずみ》をし、朱丹《しゅたん》を塗ったというのである。また、下戸《げこ》は大人に道で会えば、蹲《うずくま》り、跪《ひざまず》いて、両手を地につけて話したという。顔の装飾も話し方も性別や身分で異なり、規制されていたのである。

私がここでとくに顔を取り上げたいのは、詞を話すことに関わってである。なぜなら、従来、詞をめぐる研究は多いが、ほとんど顔に触れていないからである。しかし、これはおかしい。詞はあくまで口からでるのであり、その口は顔の一部であるからである。そして、いうまでもなく顔の表情そのものも大いに意思表示する。そうしたことから、口頭の詞のシーンを問題にするならば顔も取り上げなければならないのである。以下、関連する事例を示していこう。

『日本霊異記《にほんりよういき》』の仏教説話の中でも顔は重要な役割を果たしている。話の落としどころは、経典《きようてん》の威力であり、信じる者の善行の徳であり、罪の報いである。「悪逆の子、妻を愛《め》で、母を殺さむとして謀《はか》り、現に悪死を被る縁第三」という母殺しの話では、母への殺意をもった子は「牛なす目もちて母を眦《にら》みて」跪けと命じる。母は「子の面を瞻《まは》て」なぜそのようにするのか、と問う。殺意はすでに「牛のようなる眼」に現れており、異常を感じた母はこれを「面＝顔の表情」でみてとっているのである。すなわち、このやり取りの中では言説ではなく、互いに見合わす、面・眼の様子にすでに善悪が現れている。これを作者の表現であるといえばそれまでであるが、心、すなわち顔であり目に表れているという認識を持っていることは確認できるであろう。

「沙門《しやもん》、方広大乗を誦持《ずじ》し、海に沈みて溺れざる縁第四」の話では、婿は僧である父を借銭が返済できず密かに殺した。そして、世間を欺いて殺した父の法事をおこなうのである。ところが、その殺されたはずの父は「面を匿《かく》して」私度僧として法要の列にならんだ。

布施をしようとしてこの父を見た殺害者である婿は「目漂青《つづらか》に、面《おもて》赫然《あきらか》し、驚き恐りて隠」れた。父の僧は「咲《えみ》を含み、瞋《いか》らずして忍び」悪事を暴《あば》くことをしなかったという。ここでも、顔と眼にすべてを語らせている。詞は全く発されていない。人間は詞・声は口から発する。口は顔の一部である。したがって発話・発声は顔を離れてはありえない。表情を伴なわない音声・詞はありえないのである。いや、詞、声をだすという息を吐き出し、喉《のど》を鳴らし、口を動かす行為が顔の表情を構成する重要な要素である。したがって、なんらかの相手に対し「訴」をするという場面では顔を抜きには語れないのである。しかし、物質化することのむずかしい人の心ははたして顔か音声か、どちらに物象化されるか、と問われるとすると、先の例のように、顔で十分人の気持ちを示しえるという点では「眼は口ほどにものをいう」といわれるように、顔に軍配をあげなければならないかもしれない。いや、そうであろう、面なくして詞はない。それが人間の発話の場面である。

裹頭

藤原道長が比叡山《ひえいざん》に登る。途中、礫《つぶて》を浴びせられる。随行の人々は「殿下の登山ぞ」と制止したが、裹頭《かとう》の法師五、六人出て「ここは檀那院《だんな》ぞ、下馬所ぞ、大臣公卿は物の道理を知らぬか」、「檀那院の前で馬で鞭打ちするものは、殿下であろうと何者であろうと、引きずりおろせ」と罵《ののし》り、礫を飛ばした（『小右記』寛弘九年

〈一〇一二〉五月)。裏頭の法師らは、登山者が内覧の道長であることを承知していた。随人が呼ばわっているからである。しかし、そんなことは無視して、投石に及んだ。檀那院への礼を要求したのである。しかし、彼らの行為は非礼への義憤ばかりではなかろう。頭・顔をつつんでいることが行動を大胆にさせたとはいえないであろうか。

顔を隠すことが大胆な行動を生むが、それは顔が多くを語り、何より最大の自己同定の証であり、顔をうかがい知られないことによって、俗な人間関係からの離脱が可能であるからであろう。

後一条天皇の時(在位一〇一六～三五)に、殿上人《てんじょうびと》や蔵人《くろうど》が集まって、左右に別れ、それぞれ装束・珍物・奇物等を比べ品評する「種合《くさあわせ》」という催しがあった。左の頭人《とうにん》は頭の弁《べん》藤原重尹《しげただ》、右は頭の中将《ちゅうじょう》源顕基《あきもと》であった。催しは北野の右近《うこん》の馬場《ばば》でおこなわれた。南に左、北に右と分かれて向かい合うように座をしつらえ、さまざまに「風流《ふりゅう》、財を尽くして、金銀で」飾るという見栄えのするきれいな座であった。それだけではなく「口を聞き、吻《くちびる》有て、物可咲《おかし》しく云者を、各儲《もう》て、其座に向様《むかいざま》に居ぬ」ということであった。すなわちわざわざ口の達者な者を選んでおき、これらにものおかしく囃《はや》し立てる役割を果たさせようというのである。これは座を盛り上がらせる趣向である。さらに相手を嘲《あざけ》り、揶揄《やゆ》し、嘲笑《ちょうしょう》し、これによって勝ち負けを決しようというのである。さながら野次軍団とでもいおうか。このことはいかに「口利き」がその場の雰囲気を左右し、勝敗・優劣を決めてしまうかという、詞の力を示したものである。実際、「互に勝負有る間、言《こと》を尽《つく》し、論ずる事共多かり」という状況になっていた。ことがらへの人の評価は揺れ動く、まず絶対はない。場の空気、雰囲気が大事である。その雰囲気を決してしまうのが「一言」であるのは理解できる。機を捉え、意を得た掛け声は、興をそそり、座・場の一挙同意をなす、という妙がある。百の議論よりも説得力がある。そのための設《しつら》えである。

さて、左方は下野《しもつけ》の公忠《きんただ》が競馬《くらべうま》の装束で登場し皆の興をさそった。片や、右は老いた法師が競馬装束のいかにも古く、汚い、みすぼらしい形で出てきた。公忠はこれを見て怒り、恥をかかされたとして方屋《かたや》（控え所）に退いてしまった。その時、右方は手をたたいて笑い合う事「限りなし」であったという。と同時に、笛・鉦《かね》・鼓《つづみ》を盛んに奏する「乱《らん》声《じょう》」を起こして、「落蹲《らくそん》」の曲を演奏し、「落蹲」が出て舞ったのである。

実は、この展開を関白は勝負がつかないうちに舞があったとして怒り、「落蹲」（舞手の多好茂《おおのよししげ》）はその場から逃げ出す。その逃げ方が問題で、馬に乗って「面形《おもてがた》を取り去りては、人もぞ見知る、と思ければ、面形をし乍《なが》ら」走ったのである。大路の人は「彼を見よ、鬼の昼中に馬に乗りて行く」といい、罵り、子供は恐れ、病についた者もあったという。混乱のほどがうかがわれる。好茂が面を着けていれば人に知られまいと考えるのはわかるが、それは面の内側である好茂の思いであって、面の外側、大路の人々にとっては、好茂の必死の逃亡が鬼そのものであったのである。面＝顔の、人々に与えるインパクトの強さを再確認できる話である。

ところが、この事件を契機に、右の方は関白との折り合いが悪くなり、左右とも気まずい状況になった。「種合」は沙汰止みになったという。盛り上がった祝祭的イベントが急転して忌むべきものとなった時、人々は「面形をし乍馳せて逃げた」好茂を笑ったという。残されたものは祝祭本体の楽しさ、すばらしさの思い出ではなく、祝祭を台無しにした道化のおこないであった。このおかしさ、ばかばかしさが唯一、祝祭の祝祭たる記憶であった。笑うことで語ってはいけないことを語っているのである。事件当時、知覚の上では恐れた鬼も、記憶となってしまっては笑い草となった。鬼神の存在を疑わない中世の人々にとってこの面のインパクトは強いものであった（『今昔物語《こんじゃくものがたり》』巻二十八「右近馬場殿上人種合語第三十五」）。

物の怪

「或る夜入道《にゅうどう》（平清盛）の臥《ふ》し給ひたりける所に、一間《ひとま》にはゞかる程の、ものの面《おもて》い出来て、のぞき奉る、入道ちつとも騒がず、ちゃうど睨《にら》まへておはしければ、たゞ消えに消え失せぬ」「或夜大木《おおぎ》の倒るゝ音して、人ならば二三千が声して、虚空にどつと笑ふことありけり」「蟇目《ひきめ》を射させらるに、天狗のある方《かた》へ向い射たる時は、音もせず、ない方へ向つて射たると覚しき時は、どつと笑ひなんどしけり」「（枯髑髏《しゃれこうべ》）かの一つの大頭《おおがしら》に、生きたる人の目《まなこ》のやうに、大の眼どもが千万出で来て、入道相国《しょうこく》をちゃうど睨まへて、瞬きもせず、入道すこしも騒がず、はたと睨まへてしばらく立たれたり（略）露霜なんどの日に当つて消ゆるやうに、跡形もなくなりにけり」（『平家物語』巻五「物怪の事」）。

福原《ふくはら》で清盛が物《もの》の怪《け》に悩ませられる一節である。物の怪、怪物、幽霊などの話はよくある。後に紹介するように鬼や入道などさまざまある。しかし、ここではこうした姿形の奇怪さが問題ではない。注目したいのは、面は面だけ、声は声だけ、目は目だけと分離して出現していることである。面が大きいとか、声だけが数千人もする、という量の過大さという形状の奇異さもあるが、それは副次的なものである。本質は顔と声が別々になっているという奇怪さに恐ろしさがあると思う。声、詞は口から発せられる、つまり顔から声を出すのである。顔があって声がない、声だけあって顔がない、それこそミステリーなのである。物の怪は顔と声（口）が別々であるところに奇怪さがあったのだ。清盛はこの物の怪に、目には睨み返して、声には引目の音で対抗した。

仏御前

時間はさかのぼるが、その権勢を誇る清盛に仏御前が推参した。「召しもせぬのに」と追い返そうとする清盛を制して、祇王《ぎおう》が「あそびもののすいさんはつねのならい」と「御対面ばかり」を願い申す。これを容れた清盛が見参を許す。と清盛は「見参するほどにては、いかでか声をも聞かであるべき、今様一つうたへかし」という。遊《あそ》び女《め》と対面したからには歌くらいは聞きたい。これは自然の要求で、場としても成り行きが理解できるもので、当然の話である。しかし、そう簡単に割り切りたくない。ここでは対面と声にこだわりたい。遊び女へのリクエスト、舞でもいいはずである。事実、歌に感嘆した清盛は「このぢやうでは舞もさだめてよかるらむ」と舞を所望する（『平家物語』巻一「祇王」）。この展開からは歌は舞の前段の〝手軽なもの〟の位置におかれている。その通りなのであろうが、やはり対面と声とを対にした認識を問題にしたい。そこには顔と音声を分離することの違和感を見て取れるからだ。これは相手がなにも芸能者であるからというのではないであろう。芸能者であるから声、といっても歌であったが、面・

声の一体性を指摘したものなのである。

対面問答

鹿島《かしま》社神主中臣親広と下河辺《しもこうべ》四郎政義が頼朝御前で対決した。訴訟は常陸《ひたち》国橋郷が鹿島社領か政義の南郡惣地頭職《そうじとうしき》内に含まれるかということであった。政義は押領《おうりょう》し、神主妻子等を譴責《けんせき》しているという。親広はこれを訴え申したのだが、政義は雌伏《しふく》して陳詞《ちんし》を述べなかった。したがって、裁許は向後濫妨《きょうこうらんぼう》の停止とされ、政義敗訴となったのである。神主方が退出の後、政義はなお、御前にあり、頼朝は「戦場では武勇の士が親広に対しては度を失ったか」と笑った。政義は、鹿島は勇士を守る神なので怖畏《ふい》し、陳《の》べることができなかったと言った（『吾妻鏡《あずまかがみ》』文治元年八月二一日）。

ここでは、問答においてはその場での詞での申し立てが決定的であることを示している。陳詞ができなかったものが負けるのである。勇士も笑われるのであった。しかし、弁舌ができなかった理由を政義は、鹿島社は勇士を守る神であるから畏怖《いふ》したというが、この陳述はいかにもおかしい。なぜならそのように畏怖するなら、そもそも鹿島社領を犯すことが憚《はばか》られるはずである。また、神主・妻子を譴責することなどとうてい問題にならないはずである。しかし、実際には押領・譴責をしている。これから推せば、「畏怖」は言い訳であろう。

ではなぜ詞を失ったのか。その理由は二つ考えられる。一つは御前であることである。つまり頼朝の面前であったことによる緊張である。それは自身で自由に言葉を操るすべを失わせるほどのものであったことになる。たしかに自らの主の面前、顔を合わせるのは気が張ることには違いない。相手のいちいちの挙動、表情が気になるところであろう。それを窺いながらものを申すことになるのは致し方のないところであろう。しかし、とはいってもまだ頼朝は将軍でもなく、平家は健在で源氏の天下になったわけでもない。しかし、それでも主人と顔を合わす、面と向かうと畏《かしこ》まってしまって普段の言葉が出ないということは理解できなくはない。

しかし、面前での緊張によって言説の自由が奪われるという、それだけであろうか。もしそうであるならば対決後、それこそ面前で頼朝に揶揄《やゆ》され、笑われたら一層のこと話はできないであろう。しかし、その後、先に示したような釈明の言葉を吐いているのである。このように考えると、政義が詞を失った理由はほかにあるように思う。もう一つの理由、それはおそらく問答そのものであろう。つまり、敵人と面前で問答をする、相手の言い分に即座に、その場で最も適切な反論をおこなう。それは相手へはもちろん、いや、相手よりも裁判権者である頼朝にこそ納得できる説得力のある言説と展開でなければならない。

臨機応変、随機応変、当意即妙。安倍宗任《あべのむねとう》のように、田舎人を馬鹿にする都人に対し、即座に「わがくにの梅の花とは見つれども大宮人はいかがいふらむ」と読む七歩の才とはいわないまでも、弁論の巧みさは要求される。いや、巧みな者が勝つのである。それは御前問答という言説の世界では当然の原理といえよう。神事をとりおこなう神主と武勇の仁。御前対決、対面問答という詞の戦いにどちらに軍配が上がるかは明らかであったということか。

熊谷次郎直実の怒り

政義のことは例外ではない。よく似た話がある。建久三年（一一九二）一一月二五日、武勇の誉れの高い熊谷次郎直実《なおざね》は頼朝御前で久下《くげ》直光《なおみつ》と堺《さかい》相論《そうろん》について対決した。双方の言い分を述べたのである。しかし、武勇の人直実はどうも要領よく論を展開できなかったらしい。「仍《よ》って、今、直実しきりに下問にあずかる者なり」と問いただされた。相手と面と向かって対決すると、論のやり取りは、「十之才」にも足らないという有り様であった。勢い、頼朝は直実を何度も尋問することになる。この尋問に耐え切れず直実はこれを梶原の裏工作があったと邪推し、怒りをあらわにする。そして、「巻二調度文書等一、投二入御壺中一起レ座」と、訴訟のため用意しておいた文書を巻きこれを捨てて、西の侍所で自ら髻《もとどり》を切って、「殿乃御侍倍《は》登利《り》波天《はて》」と詞を吐いて、逐電《ちくてん》したのである（『吾妻鏡』同日条）。

この話は前例と同様に興味深い。まず、直実が裁判での対決の場、すなわち訴陳を番《つが》う場では、十分に弁論できなかったことである。先の政義とあわせ考えれば、どうも坂東武者は言葉の巧みさがないらしい。理路整然と述べること、表現することが下手なようである。このことは日常こうした思考回路を持たないということであろう。談合＝議論し、双方の立場をわきまえ、自身を相対化して物事を判断する、こうした精神生活に不慣れなのだと思う。紛争の解決を実力でおこなっていた人々にとっては当然といえる。問答というスタイルこそ新義で奇妙なものであったかもしれない。

「ただ道理の推すところ。心中の存知、傍輩をはばからず、権門を恐れず、詞を出すべきなり」（『関東御成敗式目《ごせいばいしきもく》』起請《きしょう》）と、後に北条泰時《やすとき》は式目を定める。これは武家の習い・道理をまとめたものといわれるが、問答＝対面で「詞を出す」こと自体に技量がいるのである。したがって言葉巧み、弁舌になれている者が勝訴するのである。

「道理」の「詞」をうまく出せない直実は、怒って文書を捨てて逐電した。これも象徴的な事態である。つまり詞の下手な直実は文書に頼っていたことになる。鎌倉武士は文字を知らない、という話は流布《るふ》しているものであるが、文字を知らない武勇の士が文書を頼りに訴訟をする。これは一見矛盾のように見える。これまで見てきたように、口頭での訴は公家の世界でこそ生き残り、中世の文書中心の裁判は武家がすすめていたが、この流れが私には実に奇妙にみえた。なぜ文字を知らない武士が文書中心の裁判をするか、なぞであったが、この熊谷直実がこの設問を解いてくれたかもしれない。文字を知らない武士は、道理の〝詞もしらない〟ため、詞で論の展開をするのも下手なのであった。とくに儀式ばった場での相手の主張を即座に反論する式の問答はまったく無縁の世界なのであった。口を利かなくていい文書は実に便利で助かったに違いない。たちまち文字と文書の利便性が知られ、広まったに違いない。もちろん、実力で問題を解決することがもっとも容易であった。これこそ本業であった。しかし、新しい幕府のやり方は京風を取り入れていた。ハイカラである。新文化は有用であるからこそ取り入れられ重宝がられるのである。この熊谷の逸話は鎌倉武士の紛争解決における詞と文字の関係を示す話といえるであろう。

この問答の場面に関連して次の事例を紹介しておこう。これは道理をよく理解した武士の話である。

道理を語る技量

下総国《しもうさ》のある御家人《ごけにん》が領家の代官と相論となったが、なかなか決着がつかず、鎌倉の北条泰時の御前で対決することになった。「領家ノ方ニ、肝心ノ道理ヲ申ノベタリケル時、地頭、手ヲハタトウチテ、泰時ノ方へ向テ、『アラ負ケヤ』ト云タリケル」と。地頭は領家代官の論・道理を聞いて潔く自らの敗訴を認めたのである（『沙石集《しやせきしゆう》』巻第三(二)「問注ニ我ト劣タル人事」）。この話の展開は、正直な地頭を褒める泰時の人柄を賞賛するものとなるが、ここでは道理を聞いてこれに納得した武士の姿に注目しておきたい。先の熊谷のように何が何でも勝訴をと望みがちな裁判にあって、または我の強い、負けず嫌いな鎌倉武士の中にあって、道理を素直に認めた武士が存在したことはおもしろい。しかし、この場合も、ポイントは道理ではない。すでに相論はそれ以前（対面問答以前、三問三答で）から尽くされているのであるから文字の上での道理はこの場が初見ではない。ここでの道理は、単に理路整然としているというわけではない。口頭の言説の道理である。おそらく説得力のある語り口であったのであろう。それは初耳であったのであろう。それで地頭は得心し負けを認めた。相手の詞の力量・技を愛《め》でたといえるかもしれない。これも音声の力、演示の力であった。

なお、泰時は「道理程面白キ物ナシトテ、道理ヲ人申セバ、涙ヲ流シテ感ジ申サレケルトコソ、聞伝ヘタル」と評価していて、「道理」の魅力に取り付かれていたらしい。評者は、それが「民ノ歎《なげき》ヲ我歎トシテ、万人ノ父母タリシ人」として泰時の善政の基とみているが、道理をおもしろしとするところに、理の言説の目新しさ、その揺籃《ようらん》期を見て取ることもできよう。そして、それも「申セド」とあるように、面前で声として発せられる詞であるところに、その業も含め、皮膚感覚で理解できる説得力という力が魅力であったのだと思う。

軍勢との問答

延元元年（一三三六）の美濃《みの》国茜部《あかなべ》荘の百姓等の言上状に次のようにある。

「世上御動乱之間、京都・鎌倉□□軍勢ニ家内等被二捜取一候テ」「守護・国司弁国勢□□日別ニ被乱妨候」と。時は南北朝の動乱期である、街道沿いの茜部荘民は京・鎌倉を上下する軍勢の掠奪《りゃくだつ》に困り果てているというのである。その救済を東大寺に訴えているのである。そして、「近隣ニハ正員ニテ□代官ニテモ、地家《ママ》ニテ馳廻被二問答一候所ハ、さ程不レ被二乱妨一候」という。つまり、荘園領主側からの使いでも代官でも、現地で荘園の防衛のために奔走し、「問答」しているところでは被害が少ないというのである。この場合の問答の意は軍勢側との交渉ということであろうが、その場面は実際、問答であったろう。荘民サイドは、聖武《しょうむ》天皇以来の東大寺の由緒・権威を述べ立てて、不入の荘であることをとうとうと叫んだに違いない。大井荘でも同時期「捨二身命一問答仕」ことによって軍勢に対応していた。こうしたことが実際的な力・効果を持ったのである。現地でのこうした面と向かった詞のやり取りは軍勢をもたじろがせていたのである（茜部荘下村百姓等申状案『岐阜県史　史料編　古代中世三』茜部荘古文書三九一号、建武四年大井荘荘家等申状案　同上　大井荘古文書三六七号）。

顔を隠す

顔が音声《おんじょう》を発する上において、切っても切り離せない要素であるとすれば、あえて顔を隠すことはまた大きな意味がある。そうした事例を紹介しよう。

まず有名な比叡山《ひえいざん》の大衆僉議《だいしゅせんぎ》を取り上げよう。

大衆僉議

豪雲《ごううん》という僧侶が訴訟のため、後白河法皇《ごしらかわほうおう》の御所に参った。法皇は南殿に出て座っていた。豪雲に向かって何者かと問うた。彼は「山僧摂津竪者《りっしゃ》豪雲」と名乗り、奏上《そうじょう》したいことがある旨述べた。法皇は山門の僧ならば「山門講堂ノ庭ニテ僉議スルラン様」に申せといった。そこで、豪雲は頭をさげながら、山門の僉議は異様なものだとその様子を語った。

図11　大衆僉議（『天狗草紙』東京国立博物館所蔵）

三塔ノ僉議ト申事ハ、大講堂ノ庭ニ三千人ノ衆徒会合シテ、破タル袈裟ニテ頭ヲ裹《つつみ》、入堂杖トテ三尺許《ばかり》ナル杖ヲ面々ニ突、道芝ノ露打払、小石ヲ一ツツ持、其石ニ尻懸居並ルニ、弟子ニモ同宿ニモ聞シラレヌ様ニモテナシ、鼻ヲ押ヘ、声ヲ替テ、満山《まんざん》ノ大衆、立廻ラレヨヤト申テ、訴訟ノ趣ヲ僉議仕《つかまつる》ニ、可然《しかるべき》ヲバ尤尤ト同ズ、不可然ヲバ、此条無謂《いわれなし》ト申、

と、述べて、一度山に帰り、仲間三十余人を引具して、僉議のように訴訟して、法皇の裁許を得たという（『源平盛衰記《げんぺいじょうすいき》』巻四「豪雲僉議事」）。

この物語は音声と顔に関し多くの情報を寄せてくれる。

姿の異様

まず、その姿の異様さがある。破れた袈裟《けさ》で頭を裹む。これは映画やドラマでよく知られた弁慶《べんけい》などの僧兵の裹頭《かとう》である。要するに顔を隠すのである。これは自分が誰であるか他者に分からせないようにすることである。つまり、三千の衆徒一人一人を匿名にし、カード化するのである。いうまでもない、顔こそ人物の同定の決め手であるからだ。姿の異様さは勝俣鎮夫氏が『一揆』（岩波新書　一九八二年）で明らかにした、蓑《みの》・笠《かさ》という姿と同じように、非日常であることを表すものであろう。声も替える。「歌詠スル音ニモアラス、経論ヲ説音ニモアラス、又指向言談スル體ヲモハナレタ

リ」という音声である。匿名性＝個性の消去による非日常そのものである。これによって日常におけるしがらみから各自が解放され、しかも、一人一人は単なるカードと化し、一同、平等・平準となり、自由な行動が保障されるのである。

三尺の杖、これはなにか。杖に関しては工藤進氏の説に耳を傾けたい。

「古代ギリシャでは『スケープトロン』と呼ばれる杖がある。この語の意味は旅人や乞食の杖など身を支える、ものをたたくという意と、命令や権威、特に言葉による権威を表すものとしての笏杖《しやくじよう》の意がある」という。「バンヴェニスト（フランスの言語学者）によれば、『王、伝令、使者、長老といった、生まれから言って、あるいはたまたま権威を付与されているあらゆる人物の表象』（「印欧制度に関する語彙」第二巻）であり、笏杖はそれを手渡された者だけが権威を持って人びとの前で、あるいは広場で言葉を用いることが出来るのである」「『行動するためではなく話すために権威をもって進み行く巡察使の持物』なのである。歩み行く人、権威をもつ人、言葉を運ぶ人という三つの役割は、一人の人物の役割、すなわち使者の役割に他ならない」（工藤進『声』白水社　一九九八年　二六～二九頁）。

この、杖を権威・言葉にかかわらせて理解する説は、僉議の場を思い浮かべれば大変魅力的である。しかし、なぜ杖がという疑問もある。おそらくそれは、その形状に意味がある。杖を持つ立ち姿は、杖が天と地を指し示す。何事か天に通ずる意を示すともいえる。神などの依代《よりしろ》が、多く木立や天に向かってそびえるものであることと通ずるであろう。そして、その杖を持つ。それはその人間が天や神より外には依らないこと、すなわち、自律していることを意味しているのではないか。使者が王から笏杖を手渡される。これは一定の権限を委譲されたことを意味する。すなわち自律なのである。

大衆が僉議の場で、平等で平準な立場を実現する。この平等の群れとは群衆化と同じであるが、杖はそれを避けているのである。平等ではあるが、群衆ではない。匿名でカード化されてはいるが、自立している。その証が杖ではないか。小石もおそらくそうだ。私共は小石という表現とそこに座るものという形状にやや違和感を持つが、一人に一つ、この相対関係に群ではあるが個は個であるというメッセージを読み取ることができるのではないか。

声の異様

発声も異様である。顔をしかめる、鼻を押さえて声を出す。これは同宿の者にも分からないようにといっているので、ここでも匿名性が問題となっている。声も人物同定のポイントだからである。

名を隠すことはもちろんであるが、これはほとんど演戯である。聴衆を意識した演示である。衣装を着けて皆の前で大声で、しかも声を変えて語る。匿名の「道化」が大げさに振る舞い、聴衆の反応を意識しないはずがない。聴衆は、これに応えて「尤も」と唱和する。唱和とは心を一つにするということだ。それに付け加えて、杖で突き、地響きをたてれば、それはもうトランス状態に近いのではないか。これが山門の大衆僉議である。

集会の異様

こうした異様な姿・声で集会はもたれる。その形は異様である。参加者はそれぞれに杖を持つ。自分の座とする小石を持つ。発言に対しては同意には「尤も尤も」、異議には「謂れなし」と発声し唱和と定まっている。

これを後白河の前でおこなった。正確にいうと、屋根からの雨落ちの石に座しておこなった。雨だれのライン、これは境界線であるから、厳密には院の前ではなく、境をおいてということとなのかもしれない。この展開、はじまりは後白河の酔狂《すいきよう》であったかもしれない。しかし、後白河と豪雲、本来、直面では訴ができない人間関係である。この身分の上・下方向の関係、奏上を、大衆僉議のスタイルにすることによって、境をおいたとはいえ、横関係の訴に置き換えた。こうして、面と面とは合わせず、音声による訴を実現し、要望を成功させたのであった。音声・顔、それぞれに重みがあり、分かち難いものをあえて分離し、異常化させて成り立たせたのである。

顔の名誉

顔を隠すことではないが、関連して顔の名誉に関わる話を紹介しておこう。

先にも登場した文覚《もんがく》の人物評価である。文覚を、「夫妻共ニ家ノ絶ナン事ヲ歎テ、長谷寺ノ観音ニ詣テ七箇日祈申ケレハ、左ノ袖ニ鳶ノ羽ヲ給ルト夢ニ見テ、懐妊シテ儲タル子也」、吉祥《きつしよう》の夢見で懐妊した、と伝える。さらに、「面張牛皮ノ童ニテ、心シフトク声高ニシテ、親の教訓ヲモ聞ス、人ノ制止事ヲモ用ス、庄内ノ童ヲ催従ヘテ、野山ヲ走田畠ヲ損シ馬牛ヲ打張、目ニ余タル不用仁ナリケレハ」とある。餓鬼大将といっては失礼かもしれないが、人物評価に面と声があげられていることをやはり注目したい（「参考源平盛衰記」巻一八『改定史籍集覧』三二）。

人物評価に顔が取り上げられるように、武士にとって顔は名誉であった。相模《さがみ》国住人鎌倉権五郎景正は、一六歳の時、戦で右目に征矢《そや》を射たれた。彼はその敵を射たものの、陣に帰り、のけざまに倒れてしまった。これを見て同じ相模の三浦平太郎為次が、景正の顔を足でふまえて、目の矢を抜こうとした。すると景正はしたから刀を抜き、為次を刺そうとした。おどろいた為次が「何をする」と言うと、景正は「矢に当たりて死ぬは兵《つわもの》の望むところ、いかでか生きながら足にて面を踏まるる事あらじ」と言ったという。為次は今度は膝をかがめて顔を抑えて矢を抜いたという。顔は命に代えても守らなければならない名誉そのものであった（『奥州後三年記』）。

顔を合わせない

文永六年（一二六九）八月、紀伊国那賀郡柴目村《きいなかしばめ》の話である。柴目村の番頭以下百姓等は起請文をしたためた。それによると、村内の宮石兵衛尉宗貞と右馬允宗延等は、高野山《こうやさん》をないがしろにし、悪党を荘内に引き入れ、京都の権門の威をかりて粮物を百姓等に課し、または守護代と語らって、荘家《しょうけ》を煩《わずらわ》す、これらに番頭・百姓等難儀している。そこで今後は、宮石兵衛尉宗貞と右馬允宗延等に芳心をもって、「対面向顔ヲモ仕」、「互申要事、不可有相語之儀」と決めたのである。起請文は柴目番頭以下一一名が署名書き判を加えている。

俗にいう村八分のような村内の付き合い規制であるが、ここでは、番頭百姓以下が皆で共同して敵対者・排除者に村の大事・情報を漏らさないために「顔を合わせ、語らう事をしない」ことを神仏に誓い合っている。絶交とはこうしたことなのであろう。そして、顔を合わせないことは、即ち語らないことで、詞を交わさないことなのである。「語る」は単に詞を交わすだけでなく、語る＝かたどる（川田順造『コトバ・言葉・ことば』青土社二〇〇四年）ことで、心を分かち合うことである。一切の情報漏洩を防ぎ、社会的制裁のために、会って話し合うことが禁止されたのであった。これは前節で葛川の例を示したように、顔を合わせれば詞を掛ける、という自然な付き合いを恐れたのである（高野山文書又続宝簡集八十五『鎌倉遺文』一〇四八二）。

同じような話が東大寺領美濃国大井荘でもあった。「公文観蓮」の所領はつぶし、「雑給免分田畠」は没収し、「於其身者、限永代、庄官・百姓等、不可合眼交仕観蓮之由、成庄官・寺家・社家・有司・百姓等、可令書一味起請文也」とするというのである。東大寺は不法な公文の給田畠は没収した。さらに、荘官・百姓等は今後一切観蓮と「不可合眼交仕」という。眦《まなじり》を合わせてはならない、すなわち逢ってはいけないということであろう。絶交なのである。それを目を合わせ交えることを禁じると表現する。おそらく中世の村社会において絶交はよくある制裁の一つなのであろう。それは顔を合わせないことなのだ。

なお、この申状、前段では、荘官・百姓等が集会をして、訴状を捧げて別当に訴えるべしという。別当が訴訟を用いない時は、御寺に訴え、なお成敗がない時は奏聞を経て、聖断を仰ぐという。ここでは集会を成して訴状を作成確認することが前提にされている。おそらく、訴状は書かれ読まれたはずであることも確認しておこう（東大寺下文案『鎌倉遺文』一二六〇八）。

悪　党

『峰相記《ぶしょうき》』の一節に次のようにある。

正安乾元ノ比《ころ》ヨリ目ニ余リ耳ニ満テ聞エ候シ、所々妨乱浦々海賊取寄強盛（ママ）山賊追落シ、ヒマナク異類異形ナルアリサマ人倫ニ異ナリ、柿ノ帷《かたびら》ニ六方笠《ろっぽうがさ》ヲ着テ烏《え》帽子《ぼし》袴ヲ着ス、人面ヲ合セス忍タル躰ニテ、数不具ナル高シコヲ負ヒツカサヤハケタル太刀ヲハキ、竹ナカエサイハウ枝バカリニテ鎧・腹巻等ヲ着マテノ兵具更ニ无《な》シ

（『続史籍集覧』一巻）

悪党の姿を描いた有名な部分である。悪党が異類異形であることはすでに知られていることであるが、その中に、これは姿というよりは行動であろうが〃人面を合わせず〃とある。忍びたる体であるから、人に顔を知れないようにするのである。

たびたび紹介している、尼真妙の官使・東大寺寺使乱暴・打擲に関わる事件では、その問注の中で、寺家堂童子国近は「於二末広一者、依レ見二知其面一、所二訴申一也」と述べ、官使国方は「不見二知名躰一」と証言する。一方、事件後現場に登場した人物に関し、検非違使《けびいし》は国方に「汝不レ見二知近江国司一、依二他人説一申レ之候云々、争不レ知二其人一哉」と問い、国方は「彼国司事、一切不二見知一候」と答えている（『鎌倉遺文』一二二一七　検非違使問注申

詞記）。当然といえば当然であるが、その人物を知っているかどうかは顔と名前が問題なのであった。しかし、両方備わっていないのならば、どちらかというと顔を知っているか、つまり見ているかが問題であった。悪党等が人面を合わせないのは顔を覚えられることを恐れたからであろう。そして、顔を合わせないとすればまず目をみないことと思う。なお、この打擲・殺害事件のきっかけは、官使が馬・皮古を取ろうとして小童が「有㆓盗人㆒之由依㆑令㆓叫喚㆒、数十人輩出来」によるものであった。叫びにこたえて人が出会う、これが事件を大きくしたのであった。この場面は時代劇映画のラストの一シーンを思い浮かべるようにイメージしやすい。これは合力《ごうりき》という中世における相互援助の強い人間関係の絆の証しであった。

天下時勢の装

室町時代にはいって、政治は武家が担うようになった。公家は政治の実権からはかけ離れていく存在となった。こうしたことは文化・習俗にまで影響も持つもので、かつて、武家が公家の風をまねたように、今度は公家が武家の風をまねしだした。

公家は皆奉行頭人に媚《こび》を売るようになってしまった。「サレバ納言宰相ナンド、路次ニ行合タルヲ見テモ、声ヲ学ビ指ヲ差テ、軽慢《きょうまん》シケル間、公家ノ人々、イツシカ云モ習ヌ坂東声ヲツカイ、著《き》モナレヌ折烏帽子ニ額ヲ顕シテ、武家ノ人ニ紛ントシケレ共」という有様であった（『太平記』巻二一「天下時勢装事」）。つまり、話し方も公家が武家のまねをして「坂東声をつくる」という。京風の話し方ではなく坂東というから関東弁をしゃべるという。烏帽子も立烏帽子《たてえぼし》ではないので顔・額が丸出しであった、という。権力者の好みや文化が社会に影響を与えるのはわかるが、顔つきや声までに及ぶとは興味深い。

顔見知り

寛正六年（一四六五）正月、比叡山西塔院の悪僧等が浄土真宗の東山大谷殿を襲い、蓮如《れんにょ》を捕らえようとした。そして、財物を残さず奪いとるという濫妨を働いた。これには近所の悪党も加わったとあるから、中世によくある戦乱時の略奪である。この情報が諸国に流れ、門徒《もんと》衆は皆応援のために京都東山に駆けつけた。堅田《かただ》の衆は一〇〇人余りで逢坂をのぼり、四宮をすぎ、粟田口に駆けつけた。沿道の京都の町衆はこの軍勢を見て、「『見事ノ佩物《はきもの》ナリ』トゲジ〱アハセヲシテ、仕崩《しくず》サント手ヲネブル面 魂《つらだましい》顕《あら》ハナリケルニ」（「本福寺跡書」一九九頁『蓮如・一向一揆』）というあり様であった。つまり、軍勢の持つ武具・武装を見て、舌なめずりしてこれを奪おうと邪魔だてしたのである。軍を恐れるわけでもなく、これを餌食と狙うこの時代の町衆の生き太さを示している。そのとき、うまく御殿を抜け出していた「イヲケノ慰《ママ》」（桶屋）が居た。

「コノ慰《ママ》、相撲《すまい》ノ行司、透波《すっぱ》ノ手柄師《てがらし》、軍《いくさ》ニ意得《こころえ》」た「人ノ見知タル」というから、庶民の世界では人に知られた武勇の有名人なのであろう。その桶屋が門徒衆を獲物と狙う町衆に向かって、「チットモ町ノヤツ原、緩怠致バ、松明ヲ手ニ〳〵モテ、町々へ火ヲカケ焼崩、煙ノ下ニテ合戦シ、打死ニシテハタセヨヤ」と「高声」に叫んだ。

町人が軍勢に敵対・邪魔をするならば、町に火をかけ打ち殺すというのである。それで町衆は竦みかえって、おとなしくなった。桶屋の高声の叫びが功を奏したことはすでに述べた（八九頁）。しかし、町衆が手を引いたのは、その音声の迫力ばかりではない。記録は「カノ慰曲者ナル間、京ノ者モ少々ハ見知者モアリ」と結んでいる。つまり、見知っているから襲わない、という論理が伏線にあるのである。顔見知りであれば、敵対せず、場合によって加勢・合力するという、これは庶民が、軍勢をも獲物と狙う油断のならない社会の中にあって、一つの平和の論理である。顔を見知ることが平和の条件なのである。

同じ記録に、「会釈・挨礼ヲセザレバ、見ヌ顔ニテ、言葉ヲカクル人ナシ、分限ニテ物ヲツカフホド、万事叶フナリ」（二二三頁）と教訓がある。挨拶をし礼を尽くさなければ、そ知らぬ顔をされて、誰も詞をかけてくれない。そして時宜・所をわきまえてお金を使うようでなければ希望は実現しないものだ、という。意味深長だが、ここでは顔を見知ることが平和につながること、詞を掛けることが交情の出発であることを確認しておきたい。

見知りの礼

顔を見知ることが平和につながる事例をもう一つ挙げておきたい。

時は文亀二年（一五〇二）二月三日、場所は和泉《いずみ》国日根《ひね》郡日根野荘入山田から紀伊の根来《ねごろ》に至る路上である。九条政基の家臣山田重久は根来寺からの帰路、夕暮れであったが、佐藤惣兵衛という足軽《あしがる》大将に行き合った。以前からの経緯があって、二〇人ばかりに取り囲まれてしまった。種々問答をしたが埒《らち》が明かず、矢を射られようとしたところ、「上神《にわ》源次郎有レ之、即呼‐懸二彼者一、凡見知申者也」と、相手の中に顔見知りの上神源次郎がいたので声を掛けたのである。

重久「ここで刀でお相手してもよろしいが、日ごろ往反する路上での争いは、後日なにかとうわさの種となるのは意に沿いません。ここで源次郎殿にお会いしたからには、お心に懸けていただき、ここをお通しいただきたいが」

源次郎は、防寒であろうか、顔を覆っていた綿を取り放って、

源次郎「どうぞお通りください」

重久「それでは一方に寄って、道を開けていただきたい」

源次郎は、人々を道の片方へ寄せたので、最後は互いに礼をして、無事に通行した

（『政基公旅引付』同日条　和泉書院　一九九六年）。

この話は実にドラマチックである。日ごろから遺恨のある人々が道で出会った。「やいやい」といったかはどうかは知らないが問答となった。詞戦いと考えてもいいかもしれない。そこであわや一戦になろうとしたその時、半覆面の見知った顔をみとめた。「上神源次郎殿どのではないか」、この見知り人への声掛け、ここから展開は変わった。「後々のことを考えて、できたら無事に通りたい。戦いは避けたいが」、この問い掛けが今度はスムースに受け入れられた。「どうぞお通りを」、この態度豹変の鍵は顔以外のなにものでもない。顔見知りであるから、両者に以前何らかの関わりがあったことは間違いないが、それがどのようなものであれ、ここでは顔を見知っていること、顔を合わすこと、これが合意形成の前提であった。なぜなら、二人の関係が争いを止めるほど深いものであったならば、そもそもこの場面での緊張は最初から起こりえなかったはずである。顔を見知っていたこと、いや、覆面の顔がわれてしまったこと、それが、その場の時空にあった共同主観の形成を容易にしてくれたのである。

村や町で新参者は、見知り酒・見知り銭を支払うことがある。これは共同体・座に入る時の入会金・儀礼であるが、それが「入会」とは言わず「見知り」と表現されることが、人間関係における顔見知りの重要性を示しているのである。「フーテンの寅さん」の口上・仁義は例にあげるまでもないであろう。

この場合、源次郎はどうやら覆面をしていたらしい。テレビドラマでは覆面の顔がわれると、「ひけい、ひけいー」と逃げることになる。これも顔の重みを示す展開であるが、事実は違う。顔がわかれば、急転直下、平和となり、互いに礼を尽す。人物同定と平和関係の成立、それに伴う人間関係の形成、まことに顔はものをいうのである。

対面の民俗

顔が中世の人間のコミュニケーションにおいて重要なことは、以上あげてきた例からもわかったが、民俗の世界でも顔にまつわるおこない、伝承がある。以下紹介する。

顔を隠した悪口祭

千葉郡（千葉県千葉市）千葉寺にて、毎年大晦日に、夜、諸人集まり、面《かお》をかくして、頭を包み、様をかへつつ、所の奉行頭人・庄屋・年寄、依怙・贔屓・善悪をいふて大いに笑ひ褒作せり（加藤雀庵『さへづり草』）

顔を隠して役人の悪口を言い合う、という。いかにも年忘れの行事にふさわしい庶民行事である。もちろん誰が言ったのかわからないから告げ口はない。

図12　扇の骨の間から見たり，かずきの袖で口元を覆ったり
（『一遍上人絵伝』東京国立博物館所蔵）

行逢裁面の昔話

昔、奈良の春日様が大和は狭いといって、隣国への領分せせり（もらい）に行かれた。伊勢の大神宮様の領分だから、大神宮様にすこしばかり下されというと、以前から水分れが境目としてあって、この上に譲りようもないといわれるのを、たってせがまれるので、出逢い裁面として境をつけなおそうと相談された。春日様は鹿に乗って御出になり、伊勢は神馬で駆けて来られるから、よほど早く立たねば負けると、夜の明けぬうちから出立して行かれたので、かえって春日の方が先に伊勢境に入られた。飯南《いいなん》郡宮前村に「めづらし峠」という峠があるが、伊勢と春日はちょうどこの峠の上で御出会いなされ、大御神宮様が「おお春日はん、珍しい」と声を掛けられたので、この峠を今でもめづらし峠というのである（奈良県吉野郡高見村杉谷、『日本伝説名彙』日本放送出版協会　一九五〇年）。

丹生《にゅう》ノ川でも紀州と大和の国境を定めるため、両国の殿様が同日早朝に双方から出掛けて出合った地点を境とすることにしたとき、紀州の殿様は朝寝をして遅れた。それで河俣村は大和の土津川《とつかわ》領になったという（和歌山県日高郡上山路村、右同、赤坂憲雄『境界の発生』砂子屋書房　一九八九年　六一頁）。

信州田中の殿様と上野高崎の殿様が国境を定めるとき、日を定めて出逢った処を境とすることにして、田中のほうでは早く起きて馬で峠を下り、途中、炭をいけたり手形をつけ後の証拠をのこしていった。高崎の殿様は寝坊して牛に乗っていって出逢ったところを国境にしたという。その時高崎の殿様が「まさか早いな」といったので、ここを馬坂《まさか》というようになったともいう（長野県南佐久郡馬坂、右同）。

話の落ちになっている地名起源譚《たん》はともかく、出合った場を境目とするという裁定はまさに面がものをいう、また了解されるサイン・象徴であったことを示す。境界の裁定が個人によっておこなわれるというリスクと説得力をカバーするのが神様・殿様という人物設定であろう。同時に、この場合、鹿・馬・牛といった乗り物は乗り物というよりは、「人ならむ物の意」を体するものを示すものであろう。一種の神裁によっているのである。また、境は道で区切られることも示していよう。

神や殿様でない例もある。

信州金熊《かなぐま》村と大町村との境を定めるとき、金熊の庄屋は牛に乗り、大町の庄屋は馬に乗って行き合ったところを境にすることにした。金熊の庄屋は夜明け前から出かけ、大町の方では遅く出かけたので、大町に近いところが境になった（長野県北安曇《あずみ》郡、右同）。

能登《のと》村下後山と羽咋《はくい》郡上柵村の境界を決するとき、時を定めて各々牛に乗ってその出逢った処を境とする約束を守って、下後山では牛で行ったが、上柵村では馬に乗って出発したため、今のように上柵村では広い山地を占むるようになったという（石川県鹿島郡、右同）。

この話などは、身分の高くない庄屋であるから牛・馬という畜生の要素を大きくして現状の説明にしている。

面白い例が一つある。

越前《えちぜん》芦貝村の籠谷と羽生《はにゅう》村の仁阪との堺は、著しく山の峠を越して籠谷の方へ侵入している。これも朝早く起きていた人が、その境を定めようとなった時、仁阪の人は早く来て峠を越したが、あまり籠谷の方へ下りすぎては悪いと思って、山腹から呼んで籠谷の者を起こしたという（福井県大野郡、右同）。

相手のことを慮《おもんぱか》って、叫んで起こしてあげる、いかにものどかでリアリティーがある。私の関心からすれば、山から声を掛ければ村中に届き、それに村人が皆気がつくという、声の生きた状況が興味深い。境は大木や石などの標識がおかれる。しかし、「出逢う」、すなわち顔を合わせることが標識の前提として一番の重要な要素なのである。境界を決める、それは争いである、しかし、そこに顔の突き合わせがある。これは和解そのものである、また、平和的に問題を解決する了解である。戦争当事国の首脳が会談するのは和への始まりではなく終結である。顔を合わせ、話せば紛争は解決する、約束事が決まる、という思想があるのである。それは顔の持つ独特の情報集約としての象徴機能である。

その象徴性は、次の香原志勢氏の詞でまとめられるであろう（『顔と表情の人間学』平凡社　二〇〇〇年）。

「見る立場として、顔に対する弁別力はきわめて高い」「顔は本来、物を食べると同時に諸感覚器官のそなわる場所であり、隣接して脳を有する身体の一部にすぎなかったが、さまざまな精神活動が、顔面筋を通して反映し、表情をつくる部分となるにいたり、顔はその個人の人格を代表する器官となった」（五二頁）、「さらに心の動物である人間では表情が顕著となり、顔はいっそう注目される。これに音声言語が加わることにより、人間の顔は情報発信器官へ発展した」（一二一頁）、「しかも人間は著しく視覚の発達した動物であるため、顔の仕事は、他者に見られ、表情や言語を通じて心を表現し、ついには自己を表象する器官として再出発するものになった」「顔は人体における情報の最重要の発信器官の機能をもつにいたった」（一三四頁）。

説明としてまとめれば香原氏のいう通りである。しかし、実際の対話の場面ではこれらのことが一瞬に展開する。対面者の意識・考え、総じてその場に企図・欲望するものが相互に交流し、互いの主観を互いに主観化し、合意、認識が深まりあうのである。平和意識は相手を認めるところから始まる。自力で紛争を解決しなければならない中世の人々にとって、対面、そして表情は重要な生活の要素であった。

音声と文字、顔と平和――エピローグ

口頭の音声《おんじょう》による詞《ことば》は人の交流・情報交換の基本であった。「思考は言語ゲームによってなりたつ。ゲームの本質は実際にプレイしてみてはじめて本質把握が可能になる。なぜならばゲームの本質はゲームが創り出すエロス（引きつけ引き寄せられる物）にある。聞き手が、発語された言語Aを介して、つねに発語者の『いわんとするところを』めがけて（志向し）その確信が成立することで言語行為は成立する（信憑《しんぴょう》構造）」（竹田青嗣『現象学は思考の原理である』ちくま新書）といわれる。したがって、音声の詞のやり取りの場は中世人の思考の形成の場でもあった。道理《どうり》をおもしろいといった北条泰時《やすとき》はこのゲーム性を発見し、楽しんだに違いない。

人々は、危険性があり、難しさが伴う他人との交流に、この詞を掛けることで対応する。しかし、その場合、顔の表情も伴っていたことが前提である。むしろ、顔にこそ相手に敵意のないこと、害意がないことの明証性は顕れていた。

音声の詞には力があった。それは顔とも合わせて音声特有の拡散性と振動性という物理性によって、その場景を変え、人の情動に訴えかけ、時空を彩るのである。専門的見識はないが、あのムンクの「叫び」の人物の表情は私には悲痛と思えるが、その人物の情感以上に、風景（気景というべきか）を歪んで描いているところに、叫び声の情動喚起の力を感ずる。

この詞の力が特定の人に向けられたとき、それは威圧となり、相手を屈服させるか、反発し喧嘩になるかする。この場では弁舌の技も力であった。

文字による文書・記録はこの情報交換の限られた次元における痕跡である。「書くことがもつ力は　話しを孤立化させる力である」「知る者と知られるものとを分離し、そこに距離を置き」「客観性の一因となる」（W・J・オング『声の文化と文字の文化』藤原書店一九九一年　二三四・二三五頁）ことだとすれば、平和実現なのか危機の固定化なのか、使い方次第では暴発するのではなかろうか。しかし、文字はやはり口頭の音声と別には存在しないのではないか。少なくとも前近代においては。

中世における文字の普及は鎌倉幕府の訴訟制度がつくりあげたと思われる。第三者として発せられた詞は証言となる。虚実の判断の鍵となる。文字化されることもあるが、それは読まれ再生されて意味を持つ。したがって、証文や置文はそれ自体に効力があるとみるよりは、いずれ読まれ再生された時点で効力は発揮されると考えるべきであろう。その場までは秘蔵され神格化され人々の記憶からは置き忘れられているのではないか。

不特定な人々に発せられる音声の詞は共鳴・同調者を得ようとする運動である。民衆の習いとして、ルサンチマンを喚起し、欲望を持った人々の群衆化の行動なのである。群衆は、平等・匿名・行動の一致を特徴とするが、民衆はこの人の大海に身を隠し、自己保身しながら、匿名性ゆえに神の声として権力者に迫るのである。それゆえ、顕名の名告りは、群衆との差異を表明するもので英雄化である。

民衆が祝祭時にあえて特定・不特定の人々に悪口を放つ。これは人々が常に持つ人間関係の「あやうさ」、すなわち他者が何を考えているのか、敵性があるのか、という不安を自らさらけ出すことによって、相手の敵意を雲散させる平和の実現の演示である。

音声での詞・訴は力があった。そのパロールは常に企投的・創意的で、そのつど、場景をつくり改変するからである。

しかし、前近代の文献史学は詞の活きた場景を知らない。詞のごく一部の遺跡である文書を見ているにすぎない。そのことを十分自覚しておきたい。

あとがき

一四九二年、コロンブスはカリブ諸島に到着し、スペイン国王にその島を献上すべく占有の手続きをとった。

提督（コロンブス）は二人の船長をはじめ、上陸した者、および書記官を呼んで、「彼がいかにしてこの島をその君主である国王ならびに女王のために、並み居る者の面前で占有せんとし、また事実、この地において作成された証書に委細記されるように、必要な宣言を行ってこれを占有したかを立証し、証言するようにと述べた」という（S・グリーンブラット『驚異と占有』みすず書房　一九九四年　九一頁）。

コロンブスの行為は土地や木・石などに痕跡を残すものではなく、「コロンブスにとって占有するとは、もっぱら一連の言語行為をすることである。すなわち、宣言すること、目撃すること、記録することである」。これは「書き物的作用」で、それは「彼にある言葉を発声せしめるようにするだけでなく、あるいはそれに代わるものとして、それを書き留めさせるだけでなく、むしろ艦隊の指名された正式に是認された記録係の面前で、口頭で実演せしめるものである」。

コロンブスはこの宣言の時に「そして私は反駁《はんばく》されませんでした」と私信に書いているという。誰からも「『反駁』がないこと、そこに特有の力があった」、それは「新しく発見された土地を主張する法的権利が確立される」からであった（同　九一〜九五頁）。

コロンブスの、この一四九二年一〇月一二日のパフォーマンスの欺瞞性《ぎまんせい》、傲慢《ごうまん》さについて、人権と先住民の立場から怒り、反駁を加えることはここではよそう。本書の立場からすれば、ただ口頭の詞・発声のもつ力がこの時空においても確認できることや、歴史にとって口頭詞が重要であることが確認できればよい。

私がこの本書のような課題に関心を持ったのは、『政基公旅引付《まさもとこうたびひきつけ》』を演習の授業で読んでいるときに、本文で紹介した山田と覆面する上神源次郎との路上でのやりとり、また近江菅浦《すがうら》で守護使の入部を、住民が官符を掲げ、大音声で叫び阻止したこと、などに出会ったからである。人間が具体的に動いて、歴史を作っている。それが感覚的にもとらえられ、臨場感のある、等身大の登場人物を観ることができたような、新鮮な感じを持ったのである。

古代から中世への訴《そ》の展開、幕府の文書主義と口頭陳述との関わり、庶民の民俗に生きる残酷さとその克服、身分と口利きの礼、そして顔の意義など、思いつくままに記し、全体の整序、構成は熟していないものであろう。公に提起する要に急ぎ、相も変わらず拙いものとなった。読者の皆さんには筆者の意図をくんでいただき、ご叱正、ご教授をいただければ幸いである。

本書をなすに当たって、多くの先学から学ばせていただいた。藤木久志・酒井紀美・西岡芳文各氏はいうに及ばず、諸先生の諸文献は本文中で記したので、ここでは一々ふれない。独りよがりな曲解を恐れるばかりであるが、心から感謝、お礼を申し上げたい。

また、身勝手で、気ままな研究生活を支えてくれている家族、身近な皆さんにも感謝の意を表したいと思う。とりわけ、この悪文を丁寧に読んで助言をいただいた吉川弘文館の一寸木紀夫氏に感謝の意を表したい。

二〇〇六年師走に

蔵 持 重 裕

著者紹介

一九四八年、東京都に生まれる
一九七二年、立教大学文学部史学科卒業
一九八二年、一橋大学大学院経済学研究科博士課程後期退学
現在、立教大学文学部教授

主要編著書
日本中世村落社会史の研究　中世村の歴史語り　中世村落の形成と村社会　荘園を歩くII（編）　歴史を読む（編）

歴史文化ライブラリー
231

声と顔の中世史
戦さと訴訟の場景より

二〇〇七年（平成十九）五月一日　第一刷発行

著　者　蔵《くら》持《もち》重《しげ》裕《ひろ》
発行者　前田求恭
発行所　株式会社　吉川弘文館
東京都文京区本郷七丁目二番八号
郵便番号一一三—〇〇三三
電話〇三—三八一三—九一五一〈代表〉
振替口座〇〇一〇〇—五—二四四
http://www.yoshikawa-k.co.jp/
印刷＝株式会社平文社
製本＝ナショナル製本協同組合
装幀＝マルプデザイン

歴史文化ライブラリー

1996.10

刊行のことば

現今の日本および国際社会は、さまざまな面で大変動の時代を迎えておりますが、近づきつつある二十一世紀は人類史の到達点として、物質的な繁栄のみならず文化や自然・社会環境を謳歌できる平和な社会でなければなりません。しかしながら高度成長・技術革新にともなう急激な変貌は「自己本位な刹那主義」の風潮を生みだし、先人が築いてきた歴史や文化に学ぶ余裕もなく、いまだ明るい人類の将来が展望できていないようにも見えます。このような状況を踏まえ、よりよい二十一世紀社会を築くために、人類誕生から現在に至る「人類の遺産・教訓」としてのあらゆる分野の歴史と文化を「歴史文化ライブラリー」として刊行することといたしました。

小社は、安政四年（一八五七）の創業以来、一貫して歴史学を中心とした専門出版社として書籍を刊行しつづけてまいりました。その経験を生かし、学問成果にもとづいた本叢書を刊行し社会的要請に応えて行きたいと考えております。

現代は、マスメディアが発達した高度情報化社会といわれますが、私どもはあくまでも活字を主体とした出版こそ、ものの本質を考える基礎と信じ、本叢書をとおして社会に訴えてまいりたいと思います。これから生まれでる一冊一冊が、それぞれの読者を知的冒険の旅へと誘い、希望に満ちた人類の未来を構築する糧となれば幸いです。

吉川弘文館

〈オンデマンド版〉
声と顔の中世史
戦さと訴訟の場景より

歴史文化ライブラリー
231

2018年（平成30）10月1日　発行

著　者　蔵《くら》持《もち》重《しげ》裕《ひろ》
発行者　吉　川　道　郎
発行所　株式会社　吉川弘文館
〒113-0033　東京都文京区本郷7丁目2番8号
TEL　03-3813-9151〈代表〉
URL　http://www.yoshikawa-k.co.jp/

印刷・製本　大日本印刷株式会社
装　幀　清水良洋・宮崎萌美

蔵持重裕（1948～）

ISBN978-4-642-75631-0